Simone Adolph • Martina Ruffmann • Uwe Eschner

Das Kreativ-Labor

Alltagsexperimente mit Gestaltungsideen

Ökotopia Verlag, Aachen

Impressum

Autoren Simone Adolph, Martina Ruffmann, Uwe Eschner
Fotos Simone Adolph, Martina Ruffmann, Uwe Eschner
Illustrationen Hadi Knütel
Lektorat Barbro Garenfeld
Covergestaltung PERCEPTO mediengestaltung
Layout & Satz designmeetsmotion.com, Tina Meffert
Druck Drukarnia Dimograf Sp. z o. o Polen

ISBN 978-3-86702-435-8
2. Auflage 2021 © 2018 Ökotopia Verlag GmbH & Co. KG

Bleiben Sie in Kontakt

www.oekotopia-verlag.de

Danke

Der größte Dank geht an alle kleinen Forscher-Künstler: Mit eurer ehrlichen Art, uns wissen zu lassen, was euch gefällt und was nicht, habt ihr wesentlich dazu beigetragen, dass dieses Buch genau so geworden ist, wie es ist. Wenn ihr uns dann Monate später noch erzählt, was ihr vom letzten Experimentieren zu Hause habt oder dass ihr das alte Skript immer noch besitzt und gerne damit arbeitet, war das eine Bestätigung, die uns bestärkt hat, weiterzuarbeiten.

Unser ganz besonderer Dank gilt der Grundschule am Klev in Eddelak-Buchholz und der Grundschule West in Brunsbüttel. Hier durften wir unglaublich viel Unterstützung, sei es vonseiten des Ganztages oder der Schulleitung, erfahren. Unser Dank gilt auch den GanztagsmitarbeiterInnen der Boy Lornsen Grundschule in Brunsbüttel, an der wir zeitweilig unser Projekt anbieten durften.

Wir danken der Sasol Germany GmbH am Standort Brunsbüttel für die unkomplizierte Unterstützung mit Verbrauchsmaterialien und vor allem Michael Ruffmann, dem es nie zu viel wurde, uns immer wieder Materialien zu beschaffen.

Wir danken dem Talentekompass Brunsbüttel, dessen Projektleitung bei der VHS Brunsbüttel lag. Unser Dank gilt vor allem Frau Kita und Frau Schmidt-Klues, die uns in der Anfangszeit unterstützten. Der Talentekompass ist ein Projekt im Rahmen des Modellvorhabens „LandZukunft", mit dem das Bundesministerium für Energie, Landwirtschaft und Verbraucherschutz den Kreis Dithmarschen beim Aufbau nachhaltiger Bildungsketten fördert. Somit gilt unser Dank selbstverständlich auch dem Kreis Dithmarschen und der Stadt Brunsbüttel.

Wir danken Ursula Grünbauer für anregende Tipps und Gespräche. Das war uns eine große Hilfe bei der Entwicklung unserer eigenen Kreativ-Ideen.

Wir danken Hadi Knütel für das zauberhafte Bild von Mäh.

Wir danken unseren Familien, die es hinnahmen, dass wir während der Arbeiten am Buch weniger oder auch mal gar keine Zeit für sie hatten.
Vor allem danken wir dem Mann und den Kindern von Simone Adolph, die gelassen blieben und sich trotzdem zu helfen wussten, wenn die Küche tagelang mehr nach einer Mischung aus Kita und Chemie-Labor aussah als nach ihrer eigentlichen Bestimmung, und insbesondere Elias, der uns immer mit großer Freude unterstützte.

Wir danken Michael Ruffmann, der uns tatkräftig bei EDV-Fragen zur Seite stand.

Inhalt

Vorwort 6

Einleitung 7

Vorweg: Damit alle Freude haben 11

Lösungen - wer, wie, Wasser 16

Bunte Spiegeleier 18
Salziger Tonkarton 20
Mach den Farben Beine! 22
Kristallglitzer allüberall 24
Salz als Wassersauger 26
Die hilfsbereite Kartoffel 28
Gesalzene Kälte 30
Wasser, bunt und kugelig 32
Kleister, Kleister an der Wand 34

Zwei Phasen - Vermischtes und Buntes 37

Reise durch zwei Flüssigkeiten 38
Blubbern auf dem Meeresboden 40
Papier mit Durchblick 42
Macht die Butter bunter! 44

Aus 2 mach 1 - Schmieriges zum Saubermachen, Malen, Kneten und Spielen 46

Knetseife – Seifenknete 48
Angst vor Seife 50
Malen mit Seifenblasen 52
Rasierschaumregen 54
Rasierschaumbilder 56

Inhalt

Bunter Bauschaum 58
3D-Farbe und Baustoff 60
Licht in der Tüte 62
Seife im Filzmantel 64

Stark, stärker, Stärke – bändigt Wasser, Seife und Sand 66

Die Nudel und der Pudding 68
Drück mich fest – lass mich fließen 70
Trick-Knete 71
Einfach Knete 72
Sauberer Flubber 74
Knet-Sand – gerne auch farbig 76

Poren – nur scheinbar nichts oder die Macht der eng umhüllten Luft 78

Malermeister Salz 80
Kleistersandstein 82
Bunte (Mond-)Landschaft 84
(Duft-)Papier schöpfen 86
Papier hat auch Durst 88
Die durstige Windel 90
Der Alien aus der Windel 92
Bunter Glibber 94
Tornado im Schneegestöber 96
Schrumpfende Glibber-Knete 98
Das selbst scherende Schaf 100

Anhang 105
Das wird alles gebraucht 105
Internetquellen und weiterführende Literatur 107
Die AutorInnen 108

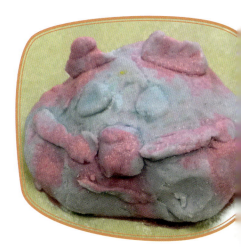

Vorwort

„Es ist nichts im Verstand, was nicht zuvor in den Sinnen war."
(Aristoteles)

Naturwissenschaft sinnlich erleben

Interesse an der Umwelt und viele Fragen nach dem Warum

Wollten Sie sich schon lange einmal mit Kita-Kindern auf den Weg zu naturwissenschaftlichem Experimentieren machen? Schien Ihnen das aber bislang zu wenig zu Ihrer Idee von frühkindlichem Lernen zu passen und schwer in den Kita-Alltag zu integrieren? Dann kommt dieses doch sehr andere Experimentierbuch gerade richtig, denn es soll pädagogische Fachkräfte ermutigen, mit Kindern naturwissenschaftliches Erleben auf einem niederschwelligen und vorrangig sinnlichen Niveau auszuprobieren. Kinder wie Fachkräfte sind bestens darauf vorbereitet: Es braucht weder aufwendige Fortbildung noch den Einsatz teurer, exotischer Materialien, wenn ein Muttertagsgeschenk oder die Weihnachtsdeko aus sinnlich-ästhetischem Tun mit naturwissenschaftlich erklärbarem Hintergrund entstehen.

Eine strenge Jury bestimmte, welches Experiment es in dieses Buch schaffte und welches nicht interessant genug war: nämlich unzählige Kinder aus vielen Jahren solcher Angebote, die vieles anders gesehen haben als wir Erwachsenen. Ihre kreativen Ergebnisse sind auf den Fotos in diesem Buch dokumentiert. Sie haben sich aufgemacht, auf diesem bunten Weg ihrem Interesse an der Umwelt und den vielen Fragen nach dem Warum nachzugehen und dabei mit ihren Sinnen Antworten zu erleben, die der Verstand ganz nebenbei verarbeiten kann.

Lassen Sie sich mitnehmen!

Simone Adolph, Martina Ruffmann und Uwe Eschner

Einleitung

Naturwissenschaftliche Bildung in Kindergarten und Grundschule ist derzeit ein äußerst beliebtes Thema und daher in aller Munde. Es gibt dazu eine ganze Reihe von Literatur auf dem Markt, die sich mit dem Forscher- und Entdeckerdrang und der Entwicklung und Lernfähigkeit von Kindern im Elementar- und Primarbereich beschäftigt. Außerdem bietet das Internet zahlreiche Seiten mit Experimentiervorschlägen. ErzieherInnen und LehrerInnen werden ermutigt und aufgefordert, im Kindergarten und im schulischen Unterricht die Mädchen und Jungen an naturwissenschaftliche Experimente heranzuführen. Oft erweist sich das aber für den regulären Kita-Alltag als schwierig, da sie nicht in andere Aktivitäten wie Basteln, Malen, Kneten eingebunden werden können und mit diesen und den „klassischen" Bildungsangeboten um verfügbare Zeit konkurrieren.

Unser Konzept hat sich aus der Praxis heraus entwickelt und soll pädagogische Fachkräfte ermuntern, naturwissenschaftliches Erleben in den Kita-Alltag zu integrieren und dabei neben der natürlichen Neugier der Kinder auch ihrer Freude an sinnlich-ästhetischem Gestalten entgegenzukommen. Dabei braucht es weder eine aufwendige Ausrüstung noch eine spezielle Weiterbildung. Wer sonst als eine pädagogische Fachkraft wäre besser für eine Arbeit mit einer Kindergruppe geeignet?

> Naturwissenschaftliches Erleben in den Kita-Alltag integrieren

Wie hat sich das Konzept entwickelt?

Selbst bei großer Altersstreuung innerhalb der Gruppe konnten wir feststellen, dass Kinder dann von einem Experiment gefangen waren, wenn sie selbstbestimmt (z. B. durch Farbgebung) ihr eigenes Versuchsergebnis gestalten konnten.

Also begannen wir, das Experimentieren vom Kind und seinen Bedürfnissen aus zu denken: Der Spaß am Tun, die kindliche Neugier, Freude am sinnlichen Erleben und Mut zum Ausprobieren standen im Mittelpunkt, und dass am Ende eine belohnende Bestätigung durch im besten Sinne ästhetische Ergebnisse winkt.

Dabei bilden einige pädagogische Grundgedanken eine Basis, auf der sich das Erleben und diese Art kindlicher Selbstbildung entwickeln können: Lernen muss mehrdimensional sein, eine Verknüpfung zum Alltag und der kindlichen Lebenswelt herstellen, und Erfahrungen müssen gefestigt werden.

> Spaß am Ausprobieren

Es fanden sich naturwissenschaftlich relevante Themengebiete, die es uns ermöglichten, ganz unterschiedliche Versuche mit kreativ gestalterischen Ergebnissen durchzuführen. Im Mittelpunkt sollte immer stehen, was vor sich geht und was sichtbar und fühlbar ist. Denn das ist für Kinder (er)fassbar und (be)greifbar. Der naturwissenschaftliche Hintergrund zu den Versuchen sollte sich so weit vereinfachen lassen, dass die Kinder das Prinzip einigermaßen nachvollziehen können. Wissenstransfer wurde hintenangestellt.

Alle Kinder, unabhängig von ihrem Entwicklungsstand, sollen in ihrem Tempo mitgenommen werden. Denn nur, wenn alle Kinder von ihrem Tun gefangen sind, kann eine angenehme Arbeitsatmosphäre herrschen, in der sich Fachkraft und Kinder gleichermaßen wohlfühlen. Mit der Herstellung der ästhetisch-kreativen Versuchsergebnisse hatten wir guten Erfolg, schließlich wollte am Ende jeder etwas in den Händen halten.

Erfassbares und Begreifbares in den Mittelpunkt stellen

Auf diese Art zu experimentieren war für die Kinder toll. Erklärungen fanden dabei umso mehr Aufmerksamkeit, je mehr Bezug sie zu einem bereits durchgeführten Versuch herstellen konnten. Also versuchten wir, Zusammenhänge herzustellen zwischen Sachverhalten und überschaubaren und leicht nachvollziehbaren Einzelversuchen.

Weil die einmalige Durchführung eines Experimentes nicht zwingend dazu führt, dass Kinder die vermittelten Grundlagen verinnerlichen, wollten wir Nachhaltigkeit durch jeweils verschiedene Zugänge zum gleichen Sachverhalt erzeugen. Werden die gleichen Inhalte durch variierte Aufgabenstellungen und andere Herangehensweisen wiederholt, wird das Gehirn auf eine stets etwas andere Weise angeregt, sich mit dem Thema auseinanderzusetzen. Folglich sprechen unsere Experimente die unterschiedlichen Sinne an und ermöglichen so mehrdimensionales Lernen. Dadurch sollen das Gelernte gefestigt und die Kinder zu gedanklichen Transferleistungen angeregt werden („Aha, da passiert das Gleiche"). In der Info-Box (s. „Was steckt dahinter?") finden sich Verweise zu anderen Versuchen, die den gleichen oder einen ähnlichen Sachverhalt wiedergeben.

Mehrdimensionales Lernen und Transfer

Die naturwissenschaftlichen Erklärungen sind immer einfach gehalten. Vielleicht sind sie manchmal im naturwissenschaftlichen Sinne nicht absolut einwandfrei in Worte gefasst. Manche Formulierungen sind vielleicht ein Zugeständnis an den Wunsch, dass sie für möglichst viele und junge Kinder verstehbar sein sollen, an dem wir viel hin und her überlegt haben.

Bei der Auswahl der infrage kommenden Experimente und Themengebiete orientierten wir uns an folgenden Vorgaben:

Die Versuche sollen

- mit in der Kita häufig vorkommenden kreativen Elementen wie Kneten, Malen, Gestalten etc. verknüpft sein
- die Lebenswelt der Kinder ansprechen
- immer selbstständig von den Kindern durchgeführt werden können (manchmal braucht es Hilfestellung, das hängt vom Geschick der Kinder ab)
- immer funktionieren
- deutlich sichtbare Ergebnisse haben
- nur ungefährliche „Chemikalien" wie Salz, Wasser, Farben, Speisestärke, Duschgel etc. benötigen
- einfach im Aufwand, also kostengünstig sein und überwiegend mit vorhandenen Materialien auskommen
- so gestaltet sein, dass die Kinder nachvollziehen können, was im Versuch passiert.

Es ergaben sich folgende Themengebiete:

Lösung – wer, wie, Wasser:

In diesem Kapitel untersuchen die Kinder, was „sich auflösen" bedeutet, was mit dem Aufgelösten passiert, und erfahren, dass Wasser Substanzen nicht immer gleich löst. Die Kinder gestalten Bilder mit den verschiedensten Techniken, lernen nebenbei noch, warum Kleber klebt, was es mit Bubble-Tea-Kugeln auf sich hat und dass Kartoffeln mehr können, als nur schmecken und satt machen.

Was bedeutet „sich auflösen"?

Zwei Phasen – Vermischtes und Buntes:

Die Kinder lernen, dass sich Wasser und Öl nicht mischen. Und falls es doch mal klappt, dass sie es entmischen und aufs Brot streichen können.

Wasser und Öl mischen sich nicht

Aus 2 mach 1 – Schmieriges zum Saubermachen, Malen, Kneten und Spielen:

Hier erfahren die Kinder, dass es Stoffe gibt, die dafür sorgen, dass sich Wasser und Öl mischen, obwohl sie das eigentlich gar nicht wollen. Ein Stoff, der das gut kann, nämlich Seife, wird dabei genauer untersucht. Wieder gestalten sie Bilder mit ganz verschiedenartigen selbst produzierten Farbtypen, und sie stellen Modelliermassen her.

Manche Stoffe bringen Wasser und Öl dazu, sich zu mischen

Stark, stärker, Stärke – bändigt Wasser, Seife und Sand:

Die Stärken der Stärke

Stärke ist das wichtigste Kohlenhydrat für uns Menschen, aber nicht nur das. Die Kinder lernen ganz andere Stärken der Stärke kennen. Sie nutzen den Effekt, der Nudeln beim Kochen weich macht, um bunte Bilder zu gestalten. Sie untersuchen, was Stärke mit wasserhaltigen Dingen alles anstellen kann. Dabei stellen sie verschiedene Modelliermassen her, mit denen sie spielen können.

Poren – nur scheinbar nichts oder die Macht der eng umhüllten Luft:

Poren – mehr als nur Luft

Dies ist ein Themengebiet, das die Kinder mehr anspricht, als man vermuten würde. Sie stellen verschiedene Modelliermassen her, verstecken Schätze, gestalten Landschaften und fertigen natürlich wieder Bilder mit verschiedensten Materialien an. Dabei lernen sie nebenbei, was ein Superabsorber ist, wie Papier entsteht, wie Farbe aufs Papier kommt und vieles mehr.

Vorweg: Damit alle Freude haben

Vorweg: Damit alle Freude haben

Experimentieren soll allen Spaß machen, den Kindern und der Fachkraft. Damit das gelingt, muss alles gut geplant sein. Keine Sorge, es handelt sich hier um nichts anderes, als eine neue Bastelarbeit zu planen, nur dass noch ein paar Aspekte bedacht werden müssen.

Grundsätzlich ist vor Beginn zu überlegen, welche Arbeitsschritte von der Fachkraft erledigt werden sollen und was die Kinder ausführen können. Um einen reibungslosen Ablauf zu gewährleisten, sollten außerdem alle benötigten Verbrauchsmaterialien und Arbeitsgeräte vorher bereitgestellt werden.

Prinzipiell gilt: Nichts essen und nichts trinken, außer die Fachkraft erlaubt es ausdrücklich! Bei Versuchen, in denen Lebensmittel hergestellt werden, dürfen diese natürlich verzehrt werden.

Räumliche Voraussetzungen

Bei den Experimenten wird oft mit Wasser gearbeitet. Ein Wasseranschluss im Raum ist daher ein Vorteil. Er bietet die Möglichkeit, dass die Kinder ihre Gläser selbstständig befüllen. Hierbei sollte die Fachkraft jedoch vorher überlegen, wie viele Kinder gleichzeitig ans Waschbecken können, ohne dass Gedränge entsteht. Zu bedenken ist zudem, dass Kinder gerne am Waschbecken mit Wasser spielen, auch wenn sie nur kurz ein Glas Wasser holen sollen. Das Wasser aus den Gläsern wird beim Transport leicht verschüttet. Dadurch kann der Bereich um das Waschbecken sehr rutschig werden. Dann besteht Sturzgefahr! Ist kein Wasseranschluss vorhanden, kann das benötigte Wasser in Krügen und Eimern zum Ausgießen bereitgestellt werden.

Vorsicht am Waschbecken!

Verbrauchsmaterialien

Experimentieren macht Spaß und soll auch für alle ungefährlich bleiben. Deshalb bitten wir folgende Hinweise zur Auswahl der Verbrauchsmaterialien unbedingt zu beachten:

> Gefahrloses Experimentieren braucht ungefährliche Materialien

- **Seife, Shampoo, Duschgel:** Prinzipiell ist für alle Versuche die in der Kita verwendete Flüssigseife geeignet. Werden eine andere Farbe oder ein anderer Duft gewünscht, kann auf andere Produkte zurückgegriffen werden. Dabei ist vor der Verwendung immer die Verpackungsrückseite auf abgebildete Gefahrensymbole zu überprüfen. Auf Spülmittelflaschen finden sich in der Regel solche Gefahrensymbole. Diese Produkte sind dann bitte zu meiden.
- **Farben:** Meist finden Deckfarben, wasserlösliche Flüssigfarben oder Lebensmittelfarben Verwendung. Diese sind, wenn nicht anders angegeben, gegeneinander austauschbar. Eventuell ist das Farbergebnis ein anderes. Wenn die Kinder intensiv mit ihren Bastelarbeiten spielen, z. B. bei den Versuchen „Trick-Knete", „Knetseife – Seifenknete", „Sauberer Flubber", „Einfach Knete", bitte nur Lebensmittelfarben zum Einfärben verwenden.
  Wir verwenden gerne Gel-Lebensmittelfarben. Diese scheinen auf den ersten Blick nicht günstig, sie besitzen aber eine hohe Farbintensität, und eine Packung von acht Döschen hält unglaublich lange.
- **Tapetenkleister:** Am geeignetsten für Kinder ist der ganz einfache Tapetenkleister für Papiertapeten aus reiner Methylcellulose. Manchmal sind den Kleistern biozide Wirkstoffe zugesetzt, diese bitte meiden.

> s. „Trick-Knete" S. 71, „Knetseife – Seifenknete" S. 48, „Sauberer Flubber" S. 74, „Einfach Knete" S. 72

Vorbereitende Bastelarbeit

Die Versuche richten sich an Kinder ab etwa drei bis vier Jahren. Manchmal muss bei den Experimenten etwas ausgeschnitten werden, eventuell empfiehlt sich bei den jüngeren Kindern, auf einen Stanzer zurückzugreifen. Das liegt selbstverständlich immer im Ermessen der Fachkraft. Sie sollte auch immer im Auge haben, dass Experimentieren aufregend ist und auch ältere Kinder nicht immer die Geduld aufbringen, etwas vor dem Versuch auszuschneiden. Das Ausschneiden muss auch nicht unmittelbar direkt vorher erfolgen, sondern kann z. B. bereits in einer Einheit am Vortag erledigt werden.

> Ausschneiden oder Stanzen am Vortag erledigen

Herstellen der Farblösung

Wir haben die wässrigen Farblösungen meist vorab zubereitet. Zum einen liegt in dieser Tätigkeit wenig Erkenntnisgewinn und zum anderen birgt sie das Risiko, dass die Kinder einfach zu viel Farbe benutzen, die sich dann überall wiederfindet. Wie gesagt: Die Gel-Lebensmittelfarben besitzen eine hohe Farbintensität.

Zusammen wird es bunter

In einigen Versuchen werden Farben oder farbige Dinge hergestellt. Damit schöne bunte Bilder oder Bastelarbeiten entstehen können, ist es notwendig, die hergestellten Produkte zu teilen. Pro Kind empfiehlt sich, immer nur ein Produkt einer Farbe herzustellen. Bei einer großen Kindergruppe ist es hilfreich, im Vorfeld abzusprechen, welche Kinder miteinander die Farben tauschen möchten und die Kinder entsprechend zu platzieren.

> Farben und Produkte miteinander teilen

Damit die Experimente gelingen und niemand traurig ist

Kinder hören nicht immer gut zu und manchmal geht deshalb etwas daneben. Im Prinzip sind alle Experimente so konzipiert, dass nicht allzu viel schiefgehen kann. Bei vielen Experimenten spielen zudem kreative Elemente eine Rolle, sodass die Ergebnisse meistens so verschiedenartig sind, dass es kein Richtig oder Falsch gibt. In diesem Buch sind nur Durchführungsvorschläge aufgeführt, die allesamt erprobt sind, bei denen es aber auch bei unseren Durchführungen viele unterschiedliche Variationen gab. Das hing davon ab, wie gut die Kinder zugehört haben oder wie kreativ sie waren. Eigene Vorschläge haben wir, wenn es irgendwie ging, immer ausprobieren lassen. Wir haben uns dafür entschieden, die praktikabelste Variante aufzuschreiben.

Wenn bestimmte Mengenverhältnisse eingehalten werden müssen, damit ein Experiment gelingt, wurden die Zutaten immer von uns an die Kinder ausgeteilt. Das empfiehlt sich, denn so ist gewährleistet, dass der Versuch gelingt und nachher alle Kinder eine ähnliche Menge an Produkt erhalten.

> Bei exakten Mengen teilt die Fachkraft aus

Gegen Ende des Experiments kommt oft die Frage: „Dürfen wir alles zusammenkippen?" Hier muss die Fachkraft selbst entscheiden, was sie ertragen kann. Viele Entdeckungen wären nie gemacht worden, wenn nicht zufällig Dinge vermischt worden wären. Kinder sind eben Forscher und Entdecker, auch wenn ihre Vorstellung von Forschung nicht immer mit unserer konform geht.

Wie kann man mit dem Buch arbeiten?

Alle Experimente sind so angelegt, dass sie in beliebiger Reihenfolge durchgeführt werden können. Die Versuchsanleitungen beinhalten Angaben zu Alter, Material (was von der Fachkraft bereitzustellen ist), Vorbereitung, Dauer, Hinweisen und Kreativangeboten.

Material und Vorbereitung auf einen Blick

- Die Altersangaben sind als Vorschlag zu verstehen. Die Fachkraft kennt „ihre" Kinder am besten und kann das anpassen.
- Unter „Material" werden die Materialien aufgelistet, die zur Durchführung benötigt werden. Dabei erfolgt eine Unterscheidung in „pro Kind" und „für die Gruppe".
- Unter „Vorbereitung" werden die Tätigkeiten aufgeführt, die die Fachkraft am besten vor Versuchsbeginn erledigt.
- Unter „Dauer" steht die Zeit, die benötigt wird, den Versuch durchzuführen. Es ist nur eine sehr kurze (minimale) Kreativphase eingeplant. Wie bei allen gestalterischen Angeboten gibt es immer Kinder, die sich deutlich länger damit beschäftigen können und wollen.
- Unter „Hinweise" finden sich Informationen zur Versuchsdurchführung und zu den „Produkten".
- Unter „Anknüpfende Kreativ-Idee" finden sich kreativ weiterführende Anregungen. In der Versuchsanleitung erfolgt meist exemplarisch die Beschreibung einer Kreativanwendung. Dies sind Vorschläge, und wir gehen davon aus, dass die Fachkraft, vor allem aber die Kinder im Verlauf der Arbeiten auch eigene Ideen entwickeln und umsetzen.

Hinweise zu den Formulierungen

Aufwand und Risiko gering gehalten

- **Die Fachkraft:** Es gibt Tätigkeiten, die nur die Fachkräfte ausführen sollten, z. B. die Ausgabe definierter Mengen Speisestärke, Sand, Flüssigseife oder anderer Substanzen, die beim Verschütten viel Putzaufwand mit sich bringen. Ein weiterer Grund für diese Einschränkung von Selbstständigkeit und Partizipation ist der Wunsch, das Risiko so gering wie möglich zu halten, dass einem Kind etwas total misslingt, weil die Mengenverhältnisse nicht eingehalten wurden.
- **Die Fachkraft oder Kinder:** Es gibt Tätigkeiten, die zwar von den Kindern oder Teilen der Kinder ausgeführt werden können, aber etwas Begleitung brauchen, wie das Ansetzen von Farblösungen, mit denen gearbeitet werden soll. Die Fachkraft weiß am besten, wem sie was zutrauen kann und entscheidet dies je nach Situation.

- **Was steckt dahinter?** Die Info-Box im Anschluss an jeden Versuch richtet sich direkt an die Kinder und ist daher in der Du-Form verfasst. Sie kann den Kindern vorgelesen werden, um nicht selbst nach geeigneten Worten suchen oder sich tiefer mit dem Thema befassen zu müssen. Das Vorlesen kann direkt nach dem Versuch oder beim Betrachten der Ergebnisse erfolgen. Anfangs wird zusammengefasst, was im Experiment beobachtet werden konnte. Dies ist in Frageform formuliert, um den Kindern die Gelegenheit zu geben, sich zu erinnern und auszuformulieren, was sie beobachtet haben. Das halten wir für einen nicht zu unterschätzenden Aspekt in Bezug auf Sprachförderung, aber eben auch, was die „wissenschaftliche" Genauigkeit von Beobachtung und Treffsicherheit der Formulierung betrifft. Anschließend erfolgt eine kurze naturwissenschaftliche Erklärung. Um diese so kindgerecht und verständlich wie möglich zu gestalten, wurden die Sachverhalte stark vereinfacht. Hier sollte also bitte keine tiefgreifende naturwissenschaftliche Abhandlung erwartet werden.

Kurze und kindgerechte Erklärungen

Wer das Buch von vorne bis hinten „durcharbeitet", wird feststellen, dass sich wegen der nicht festgelegten Reihenfolge einige erklärende Sätze wiederholen.

Lösungen – wer, wie, Wasser

Bunte Spiegeleier

Warum wird ein Bonbon beim Lutschen kleiner?
Warum rührt man die Suppe nach dem Salzen oder den Tee nach dem Zuckern um?

Salziger Tonkarton

Wo bleibt das Salz, wenn es sich auflöst?

Mach den Farben Beine!

Wir wissen, dass Farben meist Gemische sind – können wir sie wieder entmischen?

Kristallglitzer allüberall

Was sind Kristalle?
Können Kristalle wachsen?

Salz als Wassersauger

Was macht Wasser, wenn Salz in der Nähe ist?

Die hilfsbereite Kartoffel

Warum werden die Hände in der Badewanne schrumpelig?
Wieso wird angemachter Salat matschig?
Wieso ist zu viel Salz ungesund?

Gesalzene Kälte

Warum streut man bei Glatteis Salz?

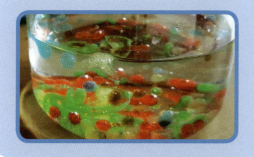

Wasser, bunt und kugelig

Was waren eigentlich diese Tea-Bubbles?

Kleister, Kleister an der Wand

Warum klebt Kleber?

Bunte Spiegeleier

Alter: ab 4 Jahren

Material: Gläser für Wasser (2 Kinder pro Glas), Wasser
pro Kind: 4 Schokolinsen, dragierte Erdnüsse, Kekse oder Bonbons unterschiedlicher Farbe (z. B. M&Ms, Smarties, Skittles), 1 flacher Teller; evtl. 1 Pipette

Vorbereitung: Auffüllen der Gläser mit Wasser

Dauer: 5 min

Die Kinder verteilen die Schokolinsen in ausreichendem Abstand voneinander auf dem Teller. Sie geben vorsichtig Wasser auf den Teller. Es sollen ca. 3–5 mm Wasser im Teller stehen. Dabei sollen die Schokolinsen nicht komplett mit Wasser bedeckt sein.

Die Kinder lassen alles ganz ruhig stehen, warten ab und beobachten, was passiert.

Hinweise

- Dieser Versuch lässt sich gut mit dragierten Erdnüssen durchführen, denn diese sind für die Kinder auf Grund der Größe am leichtesten zu fassen. Es gibt auch dragierte Kekse. Diese bieten sich an, wenn anschließend das Untersuchungsobjekt, sehr zur Freude der kleinen Forscher, zum Naschen verteilt werden soll und Erdnussallergiker unter den Kindern sind.
- In der gängigen Literatur werden oft gefärbte Zuckerwürfel verwendet. Sie sind für diesen Versuch jedoch nur eingeschränkt geeignet, denn es kann sein, dass besonders kleine Kinder die Zuckerwürfel zu nass machen. Werden Zuckerwürfel jedoch zu feucht, zerfallen sie schnell.

💡 Was steckt dahinter?

Der Zucker aus dem bunten Überzug der Schokolinse löst sich in Wasser auf. Beim Auflösen nehmen die Zuckerteilchen die Farbe mit. Sie verteilen sich beim Lösen im Wasser, dadurch entstehen die bunten Felder.

Was ist passiert, während die Schokolinsen/Bonbons im Wasser lagen?

Das Wasser um sie herum verfärbte sich bunt. Da passiert etwas, das du schon oft erlebt hast. Du fragst dich wann? Das passiert in deinem Mund, wenn du ein Bonbon lutschst. In deinem Mund wird es süß und das Bonbon wird kleiner. Der Speichel in deinem Mund ist überwiegend Wasser. Das löst das Bonbon auf. Wie das genau funktioniert, kannst du bei der Schokolinse beobachten. Der Überzug besteht, wie ein Bonbon, aus Zucker und Farbstoffen. Die Zuckerteilchen sind alle ganz nah beieinander. Legst du die Schokolinse ins Wasser, dann zwängen sich die Wasserteilchen zwischen die Zuckerteilchen und schwemmen sie davon. Dabei nehmen sie auch Farbteilchen mit. Das kannst du daran erkennen, dass das Wasser um die Schokolinse bunt wird. Manchmal kannst du Linien, die fast wie bunte Strahlen aussehen, um die Schokolinse herum erkennen. Diese Linien zeigen dir, wie sich der Zucker im Wasser verteilt. Du musstest kurz warten, bis sich die bunten Felder im Wasser gebildet hatten. Daran siehst du, dass sich der Zucker nur langsam verteilt. Wenn es schneller gehen soll, musst du umrühren. Deshalb rührt man den Tee um, nachdem man Zucker hineingetan hat, oder die Suppe, nachdem Salz zugegeben wurde.

Aber was bedeutet Auflösen nun? Ist der Zucker weg?

Nein, du kannst ihn nur nicht mehr mit deinen Augen sehen, weil die einzelnen Zuckerteilchen sehr klein sind.

s. „Salziger Tonkarton" S. 20

Salziger Tonkarton

Alter: ab 3–4 Jahren

Material: Schalen für Salz (2–3 Kinder pro Schale)
pro Kind: 1 dunkler Tonkarton oder dunkles Tonpapier, 1 Stift, 1 Schere, 1–2 EL Salz, 1 kleines Glas, ca. 1/2 Glas Wasser (so warm wie möglich), 1 Teelöffel, 1 Pinsel

Vorbereitung: Befüllen der Schalen mit Salz, evtl. Vorbereiten der Tonkartonfigur

Dauer: 10 min zzgl. Tonkartonfigur basteln (evtl. am Vortag)

Die Kinder malen ggf. mithilfe der Fachkraft mit einem Stift ein Motiv, z. B. eine Fledermaus, auf dunklen Tonkarton und schneiden sie aus. Die Fachkraft verteilt die Schalen mit dem Salz auf dem Tisch. Sie gibt jedem Kind ein Glas und befüllt dieses etwa ein Viertel bis zur Hälfte mit warmem Wasser.

Die Kinder geben 1 TL Salz hinein und rühren um. Das wiederholen sie so oft, bis sich kein Salz mehr löst und am Boden Salz zurückbleibt.

Die Kinder nehmen einen Pinsel und bemalen ihre dunkle Tonkartonfigur mit dem Salzwasser. Sie können sie großflächig bemalen, aber auch nur Einzelteile davon.

Sie legen ihre Figur zum Trocknen. Nach dem Trocknen betrachten sie ihre Tonkartonfigur genau, sie glitzert durch die vielen klitzekleinen Salzkristalle.

Hinweis

Es ist wichtig, sehr warmes Wasser zu verwenden, denn ansonsten löst sich nicht genug Salz im Wasser und es gibt keinen Effekt. Das Wasser muss nicht heiß sein (Verbrennungsgefahr), sollte aber so warm wie möglich sein.

Salziger Tonkarton

💡 Was steckt dahinter?

Wasser löst Salz auf, sodass es nicht mehr zu sehen ist. Wenn das Wasser einer Salzlösung in die Luft geht (verdunstet), bleibt das Salz zurück.

Was ist passiert, als du das Salz in das Wasser gegeben hast?
Es schien verschwunden, du konntest es nicht mehr sehen. Das Salz hat sich aber nur im Wasser aufgelöst.

Hast du bemerkt, dass sich nur eine ganz bestimmte Menge Salz im Wasser löst und dann Salz am Boden deines Glases liegen bleibt?
Das heißt dann, die Lösung ist gesättigt. In einer bestimmten Menge Wasser löst sich eine bestimmte Menge an Salz. Dann ist die Lösung satt. Ganz genauso wie du, wenn du satt bist. Dann geht auch nichts mehr in dich hinein. Du hast deinen Tonkarton mit der Salzlösung bemalt und als du ihn vom Trocknen geholt hast, waren überall ganz kleine Salzkristalle auf deiner Figur zu sehen, dadurch hat er etwas geglitzert.

Was ist beim Trocknen passiert?
Das Wasser deiner Salzlösung ist in die Luft gegangen, das heißt, es ist verdunstet. Ganz genauso wie deine Kleidung nach dem Waschen trocknet oder die Straße nach einem Regenschauer wieder trocken wird. Wenn alles Wasser aus deinem Tonkarton in die Luft verschwunden ist, bleiben darauf ganz kleine, glitzernde Salzkristalle zurück.

s. „Bunte Spiegeleier"
S. 18

🎨 Anknüpfende Kreativ-Idee

Beispiele für Tonkartonfiguren:

- Tannenbaum: dunkelgrüner Tonkarton
- Fledermaus: schwarzer Tonkarton
- Weihnachtsmannmütze: roter Tonkarton (Rand und Bommel glitzernd)
- Meer: blauer Tonkarton (mit glitzernden Schaumkronen)
- Kronen und Krönchen: Tonkarton in einer beliebigen dunklen Farbe

Mach den Farben Beine!

Alter: ab 3–4 Jahren

Material: pro Kind: 1 Filtertüte (am besten weiß), bunte wasserlösliche Filzstifte (gut geeignet sind Mischfarben und Schwarz), 1 flache Schale, Wasser; evtl. Pfeifenreiniger/Chenilledraht, Schere, batteriebetriebenes Teelicht

Dauer: mind. 10 min (Versuch), ca. 10 min (Kreativangebot)

Die Fachkraft verteilt die Filtertüten, die Filzstifte und die Schalen an die Kinder. Die Kinder malen beide Seiten der Filtertüte mit den Filzstiften beliebig bunt an. Sie füllen die Breite eines Kinderdaumens hoch Wasser in die Schale. Sie stellen die Filtertüte mit dem festen Rand in die Schale und achten darauf, dass sich nur das untere Ende im Wasser befindet.

Sie beobachten, wie das Wasser in der Filtertüte nach oben klettert, und nehmen die Filtertüte aus der Schale, wenn das Wasser am oberen Rand angelangt ist und lassen sie trocknen.

Schmetterling

Die Fachkraft verteilt Pfeifenreiniger oder Chenilledraht an die Kinder.

Die Kinder trennen (ggf. mithilfe der Fachkraft) beide Seiten der Filtertüte auf, klappen sie auf und legen die aufgetrennte Filtertüte mit der Mitte auf den Pfeifenreiniger oder Chenilledraht.

Sie biegen das eine Ende zum anderen Ende des Drahtes und drehen diese zusammen. Die offene Drahtseite ist der Kopf des Schmetterlings und die Kinder können den Draht als Fühler auseinanderbiegen.

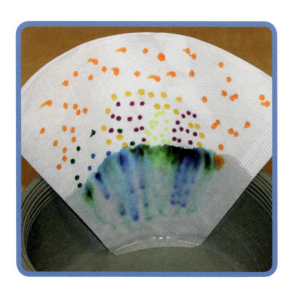

Was steckt dahinter?

Manchmal sind Farben ein Gemisch aus mehreren Farben. Die verschiedenen Farben eines Filzstiftes lösen sich unterschiedlich gut in Wasser. Sie trennen sich in die einzelnen Farben auf, wenn man sie über Papier laufen lässt.

Was ist passiert, als du deine Filtertüte ins Wasser gestellt hast?
Das Wasser ist daran nach oben geklettert. Du konntest dabei zuschauen. Als es an einem bunten Filzstiftpunkt angekommen ist, hat es Farbe mitgenommen. Wenn du genau hingesehen hast, sind nicht alle Anteile der Farbe gleich schnell gelaufen, sondern es waren manchmal mehrere Farben, die aus einem einzigen Fleck kamen.

Warum ist das so?
Die Farben der Filzstifte sind meist ein Gemisch aus verschiedenen Farben. Diese lösen sich in Wasser. Es lösen sich aber nicht alle Farben gleich gut in Wasser, manche Farben bleiben lieber am Papier haften, als mit dem Wasser die Filtertüte entlangzuwandern. Dadurch trennen sich deine Filzstiftpunkte teilweise in einzelne Farben auf. Einige wandern mit dem Wasser ganz schnell mit und andere bummeln lieber etwas. Dein Schmetterling wird dadurch ganz bunt. Du kannst die Lage der Farben durch den Zeitpunkt beeinflussen, an dem du die Filtertüte aus dem Wasser nimmst. Wartest du ganz lange, hat dein Schmetterling nur noch einen bunten Flügel-Rand.

    Diese Methode ist sehr wichtig, um Stoffgemische zu trennen. Das ist nämlich ziemlich schwierig. Sie heißt Chromatografie. Das klingt kompliziert, weil es Griechisch ist, heißt aber übersetzt ganz einfach „mit Farben malen".

s. „Kristallglitzer allüberall" S. 24

s. „Bunte Spiegeleier" S. 18

Anknüpfende Kreativ-Idee

- **Figuren:** Die bunte Filtertüte kann als Körper dienen, dazu einen Kopf entsprechend gestalten: z. B. für einen Hasen, ein Kind oder einen Engel.
- **Windlicht:** In die Mitte der Filtertüte kann ein batteriebetriebenes Teelicht gestellt werden.

Kristallglitzer allüberall

Alter: ab 3 Jahren (ohne Ausschneiden), ab 4–5 Jahren (mit Ausschneiden)

Material: Schalen für Salz (2 Kinder pro Schale)
pro Kind: Tonkarton (Farbe nach Motiv) oder 1 leeren Eierkarton für den Winterbaum, 1 Stift, 1 Schere, 1 Glas (0,1–0,2 l) oder Becher zum Anrühren der Salzlösung, ca. 1/2 Glas (warmes) Wasser, ca. 2 EL Kochsalz, 1 kleine Schale (z. B. leere Aluschalen von Katzenfutter), 1 Teelöffel

Vorbereitung: Befüllen der Schalen mit Salz, evtl. Vorbereiten der Tonkartonfigur

Dauer: 5–10 min für das Ansetzen der Salzlösung zzgl. Vorbereitungszeit des Tonkartonmotivs (evtl. am Vortag). Insgesamt mehrere Wochen, da der Baum 1–2 Wochen in der Salzlösung stehen und zwischendurch immer wieder Salzlösung nachgefüllt werden muss.

Die Fachkraft oder die Kinder zeichnen das Motiv auf den Tonkarton auf und schneiden es aus. Soll ein Winterbaum entstehen, eignet sich auch das spitze Innenleben eines Eierkartons als Tannenbaum (s. Foto unten). Die Fachkraft verteilt kleine Schalen mit Salz auf dem Tisch und an jedes Kind ein Glas. Die Kinder füllen ihr Glas halb voll mit Wasser, optimal ist warmes Wasser. Sie geben 1 TL Salz in das Wasserglas und rühren mit dem Teelöffel um. Das wiederholen sie so oft, bis sich nichts mehr löst und ein Bodensatz Salz am Glasboden zurück bleibt. Die Fachkraft gibt jedem Kind eine leere Schale. Diese stellen die Kinder an einen Ort, an dem sie über einen längeren Zeitraum warm und sicher steht, am besten auf eine Fensterbank.

Die Kinder gießen ihre Salzlösung vorsichtig in ihre leere Schale. Diese soll ca. 1/2 cm hoch in der Schale stehen. Dabei soll der Bodensatz Salz möglichst im Glas zurückbleiben. Die Kinder stellen die Tonkartonfigur in die Salzlösung. Das untere Ende der Tonkartonfigur soll in die Salzlösung eintauchen. Nach ca. 2–3 Tagen sehen die Kinder nach, ob etwas passiert ist. Ist keine Salzlösung mehr in der Schale, können sie wieder frische Salzlösung (s. o.) herstellen und nachfüllen.

Nach 1–2 Wochen können die Kinder ihre Tonkarton-Figur aus der Schale nehmen. Darauf haben sich Kristalle gebildet. Bei manchen Kindern bilden sich auch in der Schale Kristalle. Selbstverständlich können die Kinder ihre Figur noch länger in der Schale belassen. Damit die Kristalle weiter wachsen, müssen die Kinder immer wieder frische Salzlösung nachfüllen.

Hinweise

- Manchmal kann es sein, dass sich bei einem Kind keine Kristalle gebildet haben. Dann war die Salzlösung nicht konzentriert genug. Das ist nicht schlimm, einfach die alte Lösung aus der Schale entfernen, durch neue Salzlösung ersetzen und abwarten.
- Besonders gut eignen sich kleine Aluschalen, z. B. leere Katzenfutter-Schalen, für eine Winterlandschaft. Wenn alles Wasser verdampft ist, steht der Baum mitten im Schnee.

💡 Was steckt dahinter?

Salzwasser wandert in den Kanälen des Tonkartons hoch. Weil das Wasser verdunstet, bilden sich auf dem Tonkarton Salzkristalle. Durch Nachgießen wandert immer wieder frisches Salzwasser in die Kanäle des Tonkartons. Dadurch wachsen die Salzkristalle. Bei Kristallen sind die Bausteine ganz regelmäßig angeordnet.

Wie sah deine Tonkartonfigur aus, als du sie aus der Schale genommen hast?

Fast überall auf dem Tonkarton waren Kristalle gewachsen, oder? Kristalle findest du überall, du kannst sie in der Küche als Salz oder Zucker finden, im Winter fallen sie z. B. als Schnee vom Himmel. Du kennst bestimmt auch Edelsteine. Diese bilden sich in der Natur, auch das sind Kristalle.

Bevor du das Salz in das Wasser gegeben hast, waren es lauter kleine Salzkörnchen. Die konntest du gut sehen, aber ihre eigentlichen Formen waren nicht gut zu erkennen, weil sie klein waren. Du hast sie in Wasser gelöst. Wenn das Wasser weniger wird, weil es in die Luft geht, fällt das Salz wieder aus dem Wasser heraus. Es bilden sich Kristalle, die erst ganz klein sind. Das Tonpapier besteht aus einzelnen Fasern, dazwischen gibt es Hohlräume. Diese saugen sich mit der Salzlösung voll. Das Wasser in den Hohlräumen geht in die Luft (verdampft) und es bilden sich zuerst kleine Salzkristalle. Bei Kristallen sind die einzelnen Bausteine regelmäßig angeordnet wie bei Legotürmen. Damit diese größer werden, musst du neue Legosteine verbauen. Auch Salzkristalle können wachsen, dazu brauchen sie Salz. Wenn das Wasser aus den Kanälen des Tonkartons in die Luft geht, kann frisches Salzwasser nachklettern und Salz mitbringen. Die kleinen Salzkristalle werden dadurch immer größer.

Hattest du auch Kristalle in deiner Schale?

Wie sahen die Kristalle aus? Wie kleine Kissen, oder? Die Bausteine in einem Kochsalzkristall sind so angeordnet, dass er wie ein Würfel aussieht, wenn er ganz groß ist. Die kleinen Kissen waren der Anfang so eines Würfels.

s. „Salziger Tonkarton" S. 20

s. „(Duft-)Papier schöpfen" S. 86

s. „Papier hat auch Durst" S. 88

🎨 Anknüpfende Kreativ-Idee

Bäume, Kronen, Schatzkisten, all diese (Tonkarton-) Dinge können mit Kochsalz-Glitzer überzogen und verwandelt werden.

Salz als Wassersauger

Alter: ab 3 Jahren

Material: Deckfarbkasten, Schalen für feines und grobes Salz (2–3 Kinder pro Schale)
pro Kind: 1 Gefäß für Wasser, Wasser, 1 Blatt Papier, 1 Schere, 1 Stift, 1 Pinsel, Deckfarbe, ca. 1–2 TL feines und ggf. 1–2 TL grobes Salz

Vorbereitung: Befüllen der Gefäße mit Wasser sowie der Schalen mit Salz

Dauer: ca. 10–15 min

Die Fachkraft stellt Gefäße mit Wasser, Deckfarbkästen, Pinsel und Schüsseln mit Salz bereit.

Die Kinder oder ggf. die Fachkraft malen einen Regentropfen auf ein Blatt Papier und schneiden ihn aus. Die Kinder malen den Regentropfen mit der gewünschten Deckfarbe an.

Sie streuen mit den Fingern Salz auf die noch nasse Farbe und beobachten, was passiert. Das wiederholen sie so oft, bis das Bild für sie fertig ist. War ein Kind langsamer und die Farbe ist schon getrocknet, bevor es das Salz auf das Papier geben konnte, kann es mit (ggf. farbigem) Wasser auf der gesalzenen Oberfläche nachmalen.

Die Kinder legen ihr fertiges Kunstwerk zum Trocknen. Nach dem Trocknen streifen sie das Salz von dem Bild ab. Bleibt doch etwas daran haften, glitzert das Bild.

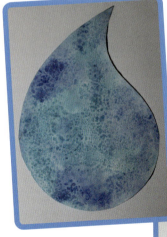

Salz als Wassersauger

💡 Was steckt dahinter?

Salz zieht Wasser an. Dabei nimmt das Wasser die Farbe mit und es entstehen Farbinseln rund um die Salzkörner.

Was ist passiert, als du das Salz auf die nasse Farbe gabst?
Die Salzkörnchen haben sich bunt gefärbt. Nach dem Trocknen des Bildes und nachdem du das Salz entfernt hattest, sah es an den Stellen, an denen sich das Salz befand, etwas anders aus. Jeder Salzkristall ist jetzt als kleiner heller Punkt mit dunklem Rand zu sehen. Und um den Rand ist die Farbe wieder hell.

Hast du eine Idee warum das so ist?
Das Salz hat das Wasser zu sich hingezogen, und dabei hat das Wasser die Farbe mitgenommen. Das konntest du dann als den dunklen Ring um diesen winzigen weißen Punkt sehen.

🎨 Anknüpfende Kreativ-Idee

> 💡 Anleitung für Rasierschaumfarbe s. „Bunter Bauschaum" S. 58

Die Regentropfen können mit einem Faden an eine gebastelte Wolke gehängt werden. Dazu malen die Fachkraft oder die Kinder eine Wolke auf ein weißes Tonpapier und schneiden sie aus. Die Kinder bemalen die Wolke mit weißer oder grauer Rasierschaumfarbe, wenn das gewünscht ist.

Manchmal bleibt etwas Salz auf dem Papier haften, dann glitzert das Kunstwerk ein wenig. Mit dieser Technik lassen sich strukturierte Flächen wie Unterwasserwelten, Drachenhaut, Schneefall, Wiesen etc. erzeugen.

Diese Technik eignet sich besonders zum Gestalten von Hintergründen. Manchmal ist es für ein einzelnes Kind sehr mühsam, ein großes Bild zu bemalen, deshalb bietet sich eventuell ein Gemeinschaftsbild an. Die Kinder malen zusammen den Hintergrund und später klebt jeder ein eigenes Motiv auf den Hintergrund auf.

Die hilfsbereite Kartoffel

Alter: ab 4 Jahren (nur drucken), ab 5 Jahren (Stempel herstellen)

Material: Schalen für Salz, Brettchen, Messer; evtl. Ausstechförmchen, Deckfarbkasten
pro Kind: 1 Kartoffel, 1–2 TL Salz, Deckfarbe, Papier, Pinsel, 1 Glas für Wasser; evtl. Packpapier, Tonpapier oder Tonkarton

Vorbereitung: Befüllen der Schalen mit Salz

Dauer: 10–15 min

Die Fachkraft verteilt Schalen mit Salz und Deckfarbkästen auf dem Tisch. Sie schneidet ggf. unter Mithilfe der Kinder auf einem Brettchen Kartoffeln in der Mitte durch, sodass jeweils zwei ungefähr gleich große Hälften entstehen. Ob längs oder quer ist egal, das hängt davon ab, was für ein Stempel angefertigt werden soll. Sie verteilt an jedes Kind zwei Kartoffelhälften.

Die Kinder streuen Salz auf eine Kartoffelhälfte, sie ist das „Wassergefäß", und lassen sie mit der Schnittfläche waagerecht nach oben weisend liegen. Sie gestalten die andere Kartoffelhälfte als Stempel. Dazu legen die Kinder eine Ausstechform für Plätzchen auf den Tisch und drücken die Kartoffelhälfte darauf. Die Fachkraft schneidet die Ränder vorsichtig um die Ausstechform mit einem Messer ab. Der Kartoffelstempel ist fertig. Die Kinder können die Kartoffel natürlich auch einfach so zum Stempeln benutzen. Die Fachkraft verteilt Papier an die Kinder.

Die Kinder sehen nach, ob sich auf der gesalzenen Kartoffelhälfte eine Pfütze gebildet hat.

Sie nehmen den Pinsel in die Hand, tauchen ihn in die Flüssigkeit auf dieser Kartoffelhälfte und nehmen mit dem feuchten Pinsel Deckfarbe auf. Sie pinseln den Kartoffelstempel so dick wie möglich mit Farbe ein und stempeln los.

Ist der Stempelabdruck zu blass, müssen die Kinder noch einmal Farbe nachlegen. Dazu befeuchten sie den Pinsel mithilfe der Wasservorrats-Kartoffel und nehmen wieder Farbe auf.

Geht die Flüssigkeit auf der Wasservorrats-Kartoffel zur Neige, streuen die Kinder wieder Salz auf die Kartoffelhälfte und warten kurz.

Wenn die Kinder eine andere Stempelfarbe verwenden wollen, können sie den Stempel waschen oder sie lernen etwas über Mischfarben bzw. Farbmischungen. Die Kinder legen das fertige Bild zum Trocknen.

Was steckt dahinter?

Salz zieht Wasser an, so kommt auch das in der Kartoffel vorhandene Wasser durch Salz an die Schnittfläche.

Was passierte, als du auf die halbe Kartoffel Salz gegeben hast?
Es kam Flüssigkeit aus der Kartoffel und diese hat das Salz aufgelöst. Dadurch entstand auf der Kartoffelhälfte eine kleine Pfütze und du hattest genug Wasser, um deinen Pinsel nass zu machen.
Aber wieso passierte das?
Das Salz hat die Flüssigkeit aus der Kartoffel gezogen. Vielleicht kennst du den Effekt auch schon von etwas ganz anderem.
Hast du schon einmal Soße über Salat gegeben und dann stehen lassen? Als du ihn später essen wolltest, war er ganz welk?
Das liegt daran, dass das Salz das Wasser aus den Salatblättern zieht. Das passiert auch, wenn du zu viel Salz isst. Dann zieht das Salz Wasser aus deinem Körper, das ist nicht gesund. Das heißt allerdings nicht, dass du gar kein Salz essen sollst, denn dein Körper braucht eine gewisse Menge davon.

Dieser Vorgang ist in der Natur sehr wichtig, er heißt Osmose und passiert bei uns im Körper fortwährend. Was da genau passiert, ist schwierig zu erklären. Aber vielleicht hilft dir folgendes Beispiel:

Du sitzt gemütlich in der Badewanne und nach einer Weile betrachtest du deine Hände und bekommst einen Riesenschreck. Sie sind auf einmal ganz schrumpelig. Woher kommt das nur?

In deiner oberen Hautschicht befindet sich etwas mehr Salz als im Badewasser. Das Salz kann nicht aus deiner Haut heraus, aber Salz kann Wasser in deine Hautzellen ziehen, ganz wie es das Wasser aus der Kartoffel ziehen konnte. Dadurch werden deine Hautzellen etwas größer. Das siehst du an deinen schrumpeligen Händen.
Aber geht das auch anders herum?
Werden deine Hände weniger schrumpelig, wenn du Salz ins Badewasser gibst? Das kannst du ganz einfach in einem Selbstversuch untersuchen. Gib zusätzlich zu deinem Badeschaum mal Badesalz aus dem Toten Meer mit ins Badewasser und betrachte anschließend deine Hände. Kein Salz aus Mamas Küche verwenden!

Geschenkpapier stempeln: Die Kinder verzieren Packpapier mit Kartoffelstempeln und verwenden es als Geschenkpapier.

Gesalzene Kälte

Alter: ab 3–4 Jahren

Material: Schalen für Salz, 1–2 große Schüsseln (je nach Kinderzahl), 1 Schere
pro Kind: 1 Schüssel, mind. 2–3 Handvoll zerkleinertes Eis, 1 Esslöffel, 3–4 EL Salz, 1 Wassereis zum Selbstgefrieren (eingeschweißt im 10er-Pack)

Vorbereitung: Befüllen der Schalen mit Salz

Dauer: 5–10 min zzgl. ca. 20–30 min Wartezeit, bis das Eis gefroren ist

Die Fachkraft stellt die Schalen mit dem Salz auf den Tisch. Sie verteilt Löffel und Schüsseln an die Kinder. In diese gibt sie jeweils mindestens zwei Handvoll zerkleinertes Eis. Die Kinder geben 1 EL Salz über das Eis und mischen es unter. Das wiederholen sie, bis sie mindestens 3–4 EL Salz unter das Eis gerührt haben.

Die Fachkraft bittet die Kinder, ihre Eis-Salz-Mischungen in einer großen Schüssel zu sammeln. Je nach Kinderzahl sind eventuell auch zwei große Schüsseln erforderlich.

Die Kinder vergraben (ggf. mithilfe der Fachkraft) das eingeschweißte, noch flüssige Wassereis in der Eis-Salzmischung.

Die Fachkraft überprüft nach ca. 20–30 Minuten, ob das Eis schon etwas angefroren ist. Nach spätestens nach ca. 30–40 Minuten sollte das Eis durchgefroren sein.

Die Fachkraft oder die Kinder spülen das gefrorene Wassereis mit Wasser ab, um Salzreste von der Folie zu entfernen.

Die Fachkraft öffnet die Folie des Wassereises mit einer Schere und verteilt es zum Lutschen.

Die Kinder betrachten die große Schüssel, in der das Eis gefroren wurde, von außen und fassen sie an.

Hinweis

Die Fachkraft muss so viel zerkleinertes Eis an die Kinder verteilen, dass sämtliches in die Schüssel gelegtes Wassereis davon bedeckt wird.

💡 Was steckt dahinter?

Salz bringt Eis zum Schmelzen. Das Eis-Salz-Gemisch kühlt ab, weil aus festem Eis flüssiges Wasser wird. Salzwasser gefriert bei sehr viel niedrigeren Temperaturen als reines Wasser. Wir streuen im Winter Salz, damit das Glatteis schmilzt und wir nicht ausrutschen können.

Wieso konnte das mit Salz gemischte zerkleinerte Eis dein Wassereis einfrieren?

Als du das Salz zum Eis gegeben hast, ist das zerkleinerte Eis geschmolzen und in der Schüssel wurde es eisig kalt. Das konntest du fühlen, wenn du die Schüssel von außen angefasst hast.

Was ist passiert?

Eis ist ein Kristall aus gefrorenem Wasser. An der Eisoberfläche befindet sich immer ein ganz dünner Wasserfilm. In diesem Wasserfilm kann sich das Salz lösen, das Eis schmilzt und es bildet sich neues Wasser und löst wieder Salz auf. Die Eis-Salz-Mischung wird sehr kalt.

Aber warum?

Du weißt, dass z. B. Schokolade oder Schmalz schmelzen, wenn du sie warm machst. Das Eis der Eis-Kochsalz-Mischung schmilzt durch das Salz. Die Wärme, die das Eis zum Schmelzen braucht, nimmt es einfach aus der Eis-Kochsalz-Mischung und deshalb wird diese so kalt.

Eine Eis-Kochsalz-Lösung wird erst bei sehr viel tieferen Temperaturen als reines Wasser fest. Bei Kristallen sind die Bausteine ganz regelmäßig angeordnet, das gilt auch für Eiskristalle. Ist nun Salz im Wasser gelöst, können sich die Wasserbausteine nicht mehr so leicht anordnen. Es muss sehr viel kälter sein, damit das funktioniert. Das ist ein ganz nützlicher Effekt. Wenn im Winter draußen auf den Wegen und Straßen Glatteis ist, wird Salz gestreut. Auch auf der Straße löst das Salz das Eis zu Wasser auf. Das entstandene Salzwasser gefriert erst bei sehr viel tieferen Temperaturen, dann kannst du gefahrlos draußen laufen. Damit sollte man allerdings sparsam sein, weil das Salz für Pflanzen und Tiere (und auch für Autos und Schuhe) nicht so gut ist.

s. „Kristallglitzer allüberall" S. 24

Wasser, bunt und kugelig

Alter: ab 4–5 Jahren

Material: 1–2 kleine Haarsiebe (sollen über ein Glas passen), Lebensmittelfarbe, Deckfarbe oder wasserlösliche Flüssigfarbe; evtl. Plätzchenausstecher, Saft pro Kind: 1 Schraubglas (mit Deckel, falls die Natriumalginat-Lösung aufbewahrt werden soll), ca. 50 ml Wasser, 1/2 TL Natriumalginat-Pulver, 1 Teelöffel, 2 etwa gleich große Gläser, 1 TL Calciumlactat, ca. 100–150 ml Wasser, Papier oder 1 Kopie der Drachen-Vorlage (S. 36), Kleister, 1 Pinsel

Dauer: ca. 15 min zzgl. ein paar Stunden Wartezeit, bis sich das Natriumalginat gelöst hat, evtl. über Nacht stehen lassen

Die Kinder oder die Fachkraft geben ca. 50 ml Wasser in ein (Schraub-)Glas. Sie fügen 1/2 TL Natriumalginat-Pulver hinzu und rühren um. Es bilden sich Klümpchen, das ist normal. Sie lassen die Lösung stehen und rühren hin und wieder um. Eventuell die Lösung bereits am Vortag ansetzen, da es lange dauert, bis sie klumpfrei ist. Die Kinder füllen etwa 100–150 ml Wasser in ein Glas, geben 1 TL Calciumlactat hinzu und lösen es unter Rühren auf. Die Fachkraft färbt die Natriumalginat-Lösung mit Farbe ein. Die Kinder stellen das Glas mit der Calciumlactat-Lösung vor sich hin und tropfen ganz vorsichtig mit der Pipette ein paar Tropfen der farbigen Natriumalginat-Lösung in die Calciumlactat-Lösung. Sie beobachten, was passiert.

Die Kinder versuchen, große Kugeln, kleine Kugeln, Schlangen oder andere Gebilde beim Eintropfen mit der Pipette zu produzieren. Sie tauschen die farbigen Natriumalginat-Lösungen untereinander aus und gestalten so bunte Glibber-Gebilde in ihrem Glas. Die Kinder legen ein Haarsieb über ein leeres Glas und geben den Inhalt des Glases hinein. Sie lassen die kleinen Glibberkugeln abtropfen. Die Fachkraft verteilt Papier oder die Kopie der Drachen-Vorlage (S. 36), Pinsel und Gefäße mit Kleister an die Kinder. Diese legen das Papier vor sich hin und kleistern es mit den Fingern oder dem Pinsel ein. Sie geben die Glibberkugeln auf das Papier, zerdrücken sie mit den Fingern und legen das Bild zum Trocknen.

Hinweis

Der Versuch lässt sich teilen: An einem Tag wird die Lösung, am anderen werden die Gelkügelchen hergestellt. Die Natriumalginat-Lösung hält sich gut im Kühlschrank: Sie kann, einmal angesetzt, für die Versuche „Wasser – bunt und kugelig", S. 32, sowie „Malen mit Seifenblasen", S. 52, verwendet werden.

Wasser, bunt und kugelig

Was steckt dahinter?

Eine wässrige Natriumalginat-Lösung geliert, wenn sie zu einer bestimmten anderen Lösung getropft wird. Im Inneren des Gels befindet sich noch Flüssigkeit.

Was ist passiert, als du das Natriumalginat-Pulver in Wasser eingerührt hast?

Es wurde klumpig und nach einiger Zeit wurde das Wasser ganz zähflüssig (viskos). Natriumalginat – was ist das überhaupt? Noch nie gehört, aber bestimmt schon unzählige Male gegessen, denn es ist ein ganz gängiger Zusatzstoff für Lebensmittel. Er wird aus Algen gewonnen und darf sogar in Bio-Lebensmitteln vorkommen. Algen sind Pflanzen, die vor allem im Meer, aber auch in Seen und fließenden Gewässern wachsen.

Was ist passiert, als du die Natriumalginat-Lösung zu der anderen Lösung getropft hast?

Es sind bunte Kügelchen entstanden. Dabei wird im Inneren der Kugel Flüssigkeit eingeschlossen und es entsteht eine wabbelige Gelhaut mit einem flüssigen Kern im Inneren. Das konntest du sehen, als du die Kügelchen auf dem Papier zerdrückt hast.

Ein aus Taiwan kommendes Getränk, das Bubble Tea heißt, enthält genau solche Kügelchen. Statt in Wasser wird das Natriumalginat-Pulver in Zuckersirup gerührt und es entstehen Kügelchen mit Zuckersirup im Inneren. Beim Draufbeißen zerplatzen die Kügelchen und es schmeckt süß. Leider ist in diesem Bubble Tea meist ganz viel Zucker, deshalb ist er auch nicht gesund.

s. „Kleister, Kleister an der Wand" S. 34

 Anknüpfende Kreativ-Idee

Die Kinder legen eine Kopie der Drachenvorlage (S. 36) auf eine wasserfeste Unterlage. Sie kleistern die Stellen ein, auf denen sie die Alginatkügelchen platzieren möchten. Sie verteilen die Kügelchen, ohne sie zu zerdrücken und lassen sie trocknen.

Durch das Austrocknen der Kügelchen wird der Haut des kleinen Drachens Struktur verliehen. Natürlich können auch andere aus Papier oder Tonkarton ausgeschnittene Figuren auf diesem Wege gestaltet werden. Alternativ können die Kinder eine Stelle auf einem Blatt Papier einkleistern, einen Plätzchenausstecher darauflegen und die Kügelchen hineingeben. Nach dem Trocknen bleiben die geschrumpften Kügelchen in der Form des Plätzchenausstechers, z. B. als Stern, zurück.

Kleister, Kleister an der Wand

Alter: ab 3 Jahren

Material: wasserlösliche Flüssigfarbe, Deckfarbe oder Lebensmittelfarbe; evtl. Kamm, geknülltes Papier zum Erzeugen von Strukturen
pro Kind: 1 Schraubglas mit Deckel, 1 Esslöffel, 1/2 Glas kaltes Wasser, 1 EL Tapetenkleisterpulver, 1 Blatt Papier oder 1 Kopie der Drachen-Vorlage (S. 36), 2 Schalen, 1 Pinsel

Vorbereitung: Beschriften der Gläser mit den Kindernamen

Dauer: 10 min

Die Fachkraft verteilt die beschrifteten Gläser sowie die Esslöffel an die Kinder. Die Kinder füllen ihr Schraubglas etwa halb voll mit Wasser.

Die Fachkraft oder die Kinder geben ca. 1 EL Tapetenkleisterpulver in das Glas. Die Kinder rühren den Kleister in das Wasser ein. Dabei klumpt es, das ist normal. Sie rühren einfach weiter, bis sich eine zähe Masse im Glas gebildet hat.

Die Fachkraft verteilt je 2 Schalen an die Kinder. Die Kinder geben in jede Schale 1–2 EL Kleister. Sie verschließen das Glas und stellen es beiseite.

Die Fachkraft färbt oder hilft beim Färben des Kleisters in einer Schale mit wasserlöslicher Flüssigfarbe, Deckfarbe oder Lebensmittelfarbe. Jedes Kind hat eine Schale gefärbten und eine Schale ungefärbten Kleister.

Die Kinder nehmen ihr Papier oder eine Kopie der Drachen-Vorlage (S. 36), und kleistern es mithilfe des Pinsels oder der Finger mit farblosem Kleister dick ein. Sie malen mit dem bunten Kleister darüber. In die bunte Kleisterschicht können sie mit dem Pinselstil, einem Kamm, den Fingern, zerknülltem Papier etc. Strukturen einritzen. Gefällt ihnen ihr Werk nicht, können sie es einfach löschen, indem sie mit dem Pinsel wieder darüberstreichen. Sie lassen ihr Bild trocknen.

Hinweis

Auch Tapetenkleister kann verderben. Im Kühlschrank aufbewahrt, hält er länger. Die getrockneten Kleisterkunstwerke sind dauerhaft.

💡 Was steckt dahinter?

Kleisterpulver bindet kaltes Wasser, dadurch entsteht eine zähe Masse (Gel oder Tapetenkleister), die kleben kann.

Was ist passiert, als du den Tapetenkleister in Wasser eingerührt hast?
Erst wurde er etwas klumpig und dann wurde das Wasser in deinem Glas zähflüssig. Das kommt daher, dass der Tapetenkleister die Wasserteilchen festhält und schwer beweglich macht. So etwas nennt man Gel, du kennst es als Tapetenkleister.

Was ist Tapetenkleister genau?
Das Tapetenkleisterpulver ist aus vielen gleichen, kleinen Bausteinen aufgebaut. Alle zusammen ergeben ein Riesenteilchen. Diese ganz kleinen Bausteine sind bei der Stärke und dem Tapetenkleister gleich, es ist Traubenzucker. Im Tapetenkleister halten sich die Traubenzuckerteilchen etwas anders aneinander fest. Der Grundstoff, aus dem der Tapetenkleister hergestellt ist, wird aus Bäumen gewonnen.

Warum klebt Kleister?
Angerührter Kleister lässt sich gut auf Papier auftragen. Die Kleisterteilchen halten sich daran fest. Wenn du darauf etwas festkleben möchtest, drückst du es einfach in den Kleister. Die Kleisterteilchen klammern sich gleichzeitig ans Papier und an das, was du festkleben möchtest. Das Wasser, das du gebraucht hast, damit sich der Kleister überhaupt verstreichen lässt (Lösungsmittel) geht in die Luft (verdunstet). Die Kleisterteilchen rücken dadurch wieder näher zusammen und klammern sich ganz fest aneinander. Sie halten sich aber trotzdem noch am Papier und an dem Gegenstand, den du aufgeklebt hast, fest. Ob der Gegenstand auch festklebt, hängt von seiner Oberfläche ab. Können sich die Kleisterteilchen an ihr festhalten, dann klebt er fest, wenn nicht, dann geht er wieder ab. Gibst du wieder Wasser auf den getrockneten Kleister, klebt er nicht mehr so gut. Hast du schon einmal geholfen, Tapeten von der Wand zu lösen? Tapeten macht man dazu nass. Die Wasserteilchen drängen sich wieder zwischen die Kleisterteilchen, diese können sich dann nicht mehr so gut an der Wand festhalten, und die Tapeten gehen leichter ab.

s. „Trick-Knete" S. 71

s. „Drück mich fest – lass mich fließen" S. 70

🎨 Anknüpfende Kreativ-Idee

Die Kleisterbilder lassen sich gut mit „Licht in der Tüte", S. 62, kombinieren. Sie werden nach dem Trocknen durchscheinend und stabilisieren die Tüte.

Kopiervorlage Drache

Zwei Phasen – Vermischtes und Buntes

Reise durch zwei Flüssigkeiten

Warum schwimmen Fettaugen auf der Suppe?

Blubbern auf dem Meeresboden

Warum müssen wir die Salatsoße schütteln?
Was haben Salz, Wasser und Öl mit Salatsoße zu tun?

Papier mit Durchblick

Wieso wird Papier durchsichtig, wenn es nass wird?

Macht die Butter bunter!

Was ist Butter?

Reise durch zwei Flüssigkeiten

Alter: ab 3–4 Jahren

Material: Gläser für die Farblösung (2 Kinder pro Glas), Wasser, Lebensmittelfarbe/Deckfarbe
pro Kind: 1 großes Glas, Wasser, ca. 20–50 ml Öl, 1 Pipette

Vorbereitung: Herstellen des farbigen Wassers (die Breite eines Kinderdaumens hoch Wasser in kleine Gläser geben und jeweils mit Lebensmittel- oder Deckfarbe unterschiedlich färben)

Dauer: ca. 5–10 min

Die Fachkraft stellt das farbige Wasser auf den Tisch. Die Kinder befüllen ein großes Glas etwa bis zur Hälfte mit Wasser.

Die Fachkraft gibt die Breite eines Kinderdaumens hoch Öl in das Glas. Die Kinder rühren mit ihrer Pipette um. Sie beobachten, ob sich Wasser und Öl mischen.

Die Kinder tropfen mit einer Pipette einen Tropfen gefärbtes Wasser in das Öl und beobachten die Form des Tropfens genau. Die Kinder warten, bis der bunte Tropfen durch die Ölschicht ins Wasser gelangt. Da das etwas dauern kann, tropfen sie gleich ein paar Tropfen hinterher. Es lassen sich mit unterschiedlich farbigem Wasser auch schöne Muster ins Öl tropfen. Die Kinder probieren das aus.

 Was steckt dahinter?

Wasser ist schwerer als Öl. Wasser und Öl mischen sich nicht. An der Grenzfläche mischen sich Wassertropfen und Wasser nicht gleich.

Hast du bemerkt, was passiert ist, als du das Öl zum Wasser gegeben hast?
Es hat sich kurz etwas vermischt, aber dann schwamm das Öl wieder auf dem Wasser. Das Öl ist leichter als Wasser und schwimmt deshalb oben. Das kennst du vielleicht von den Fettaugen auf der Tomatensauce oder der Suppe.

Lassen sich Wasser und Öl durch Umrühren vermischen?
Nein. Dass das nicht klappt, liegt daran, dass Öl und Wasser ganz unterschiedlich sind. Das kannst du sogar fühlen: Tippe mit einem Finger ins Öl und verreibe es zwischen Daumen und Finger. Wie fühlt sich das an? Ganz anders als Wasser, oder?

Wenn du das gefärbte Wasser in das Öl tropfst, mischt es sich nicht mit dem Öl, aber es bleibt dort einige Zeit. Das Wasser will so wenig wie möglich mit dem Öl zu tun haben. Darum bilden sich im Öl bunte Wasserkugeln. Diese schweben nach unten, bleiben aber erst einmal hängen, wenn sie die Grenze zum Wasser erreicht haben. Zwischen Wasser und Öl siehst du die sogenannte Grenzfläche. Da gibt sich das Wasser – wie der Tropfen im Öl – auch große Mühe, sich vom Öl abzugrenzen und lässt die von oben kommenden Tröpfchen nicht einfach durch. Hat dein Tropfen es aber geschafft, diese Hürde zu überwinden, verteilt er sich im Wasser. Das sieht fast wie bunter Regen aus.

Blubbern auf dem Meeresboden

Alter: ab 5 Jahren

Material: Gläser für das farbige Wasser (2 Kinder pro Glas), Wasser, Lebensmittelfarbe oder andere intensiv färbende wasserlösliche Farbe, 1 Trichter für Öl, Gefäße für Sand; evtl. Panzer-Tape
pro Kind: 1 Plastikflasche mit weiter Öffnung, 1 Teelöffel für den Sand, Wasser, 1/4–1/2 Plastikflasche Öl, 1 Pipette, 2–3 EL Sand

Vorbereitung: Herstellen des bunten Wassers (ca. 1 cm hoch Wasser in kleine Gläser geben, mit der gewünschten Farbe färben), Abfüllen von Sand in Gefäße

Dauer: 10–15 min

Die Fachkraft verteilt Löffel und je eine Plastikflasche an die Kinder. Diese befüllen die Flaschen zur Hälfte mit Wasser. Die Fachkraft gibt das Öl mit einem Trichter in die Flaschen. Es ist wichtig, dass noch ausreichend Platz bis zum Flaschenhals gelassen wird. Am Ende sollte mindestens ein Drittel des Volumens der Flasche aus Öl bestehen.

Die Fachkraft stellt die Gefäße mit Sand und gefärbtem Wasser auf den Tisch. Die Kinder tropfen das gefärbte Wasser mit der Pipette in die Flasche, dabei können sie mit dem farbigen Wasser Muster ins Öl tropfen. Mit dem Löffel geben sie Sand hinzu und beobachten genau, was bei der Zugabe des Sandes passiert. Der Sand wird zum Meeresgrund. Die Kinder können den Sand auch zugeben, während sich noch bunte Wassertropfen im Öl befinden. Der Sand reißt diese dann mit in die Tiefe.

Die Kinder geben eine komplett mit buntem Wasser gefüllte Pipette auf einmal oder Wasser und Sand gleichzeitig in die Flasche und beobachten, was passiert.

Sind die Kinder mit ihrer Ozeanflasche zufrieden, füllen sie die Flasche am besten mit der Pipette und ggf. mithilfe der Fachkraft bis zum Flaschenrand mit Wasser auf. Bevor die Fachkraft die Flaschen verschließt, überprüft sie, ob die Flaschen randvoll mit Flüssigkeit gefüllt sind.

Um zu vermeiden, dass die Flasche aus Versehen geöffnet wird, kann die Fachkraft den Verschluss der Flasche zusätzlich mit Panzertape fixieren.

Die Kinder bewegen die Flasche hin und her und wühlen den Ozean mal mehr, mal weniger auf.

💡 Was steckt dahinter?

Das Öl verteilt sich durch Schütteln der Flasche in kleinen Kügelchen im Wasser, will dieses aber ganz schnell wieder verlassen. Der Sand, der schwerer als Wasser und Öl ist, reißt beim Durchfallen durch die Ölschicht Öl mit nach unten. Von dort steigt es in Form von Blubberblasen wieder auf.

Was ist passiert, als du dein buntes Wasser in die Wasser-Öl-Flasche getropft hast?
Es ist als bunte Kugel durch das Öl gewandert und dann als bunter Regen in dein Wasser gefallen. Als du den Sand zugegeben hast, fiel er sofort bis zum Flaschenboden durch. Weil Sand sehr viel schwerer als Wasser und Öl ist, hielt er sich nicht an der Wasser-Öl-Grenze auf, an der normalerweise die bunten Wasserkugeln stoppen.

Was hast du beobachtet, als du den Sand zugegeben hast?
Vom Sand stiegen Blasen nach oben. Es sah aus, als ob der Sand blubberte. Das ist das Öl, das der Sand mit in die Tiefe gerissen hatte. Aber Öl ist sehr viel leichter als Wasser und mischt sich auch nicht mit Wasser. Deshalb steigt es wie Blubber-Blasen vom Boden auf. Das sieht sehr schön aus, fast wie eine Lava-Lampe.

Was ist passiert, als du die Flasche geschüttelt hast?
Wasser, Öl und Sand sind durcheinandergewirbelt, haben sich aber doch wieder entmischt.

Hast du schon einmal zugesehen, wie eine Salatsoße hergestellt wird oder das selbst gemacht?
Salz, Essig und Öl werden zusammengegeben und geschüttelt. Wie Wasser und Öl mischen sich auch Essig und Öl nicht, und wie Sand ist auch Salz sehr viel schwerer als Essig und Öl. Wenn die Salatsoße geschüttelt wird, passiert genau das Gleiche wie bei deiner Flasche: Die Zutaten vermischen sich, und wenn man sie schnell über den Salat gibt, hat man überall das wohlschmeckende Gemisch. Wenn du die geschüttelte Soße eine Weile stehen lässt, bleibt zwar das Salz im Essig gelöst, aber das Öl setzt sich wieder oberhalb dieser Lösung ab. Übrigens kommt das Wort „Salat" von Salz und heißt einfach „Gesalzenes".

s. „Reise durch zwei Flüssigkeiten" S. 38

Papier mit Durchblick

Alter: ab 4–5 Jahren

Material: alte Zeitungen oder Unterlage für den Tisch, Gläser für Öl (2 Kinder pro Glas), Deckfarbkästen; evtl. Schere, Kleber, Wollreste, bunter Tonkarton
pro Kind: 1 Glas mit Wasser zum Malen, 1 Butterbrotpapier, etwas Öl (max. 5 ml), 1 Pipette, 1 Pinsel, 1 Strohhalm, 1 Blatt Küchenkrepp

Vorbereitung: Abfüllen des Öls in Gläser

Dauer: ca. 10 min, zzgl. Zeit zur Fertigstellung der Bastelarbeit nach dem Trocknen (z. B. Quallen)

Die Kinder legen alte Zeitungen oder eine andere geeignete Unterlage auf dem Tisch aus, um diesen zu schützen.

Die Kinder (ggf. mithilfe der Fachkraft) befüllen Gläser mit Wasser zum Malen. Die Fachkraft füllt in weitere Gläser jeweils ein wenig Öl. Eine Füllhöhe von 0,5 cm ist ausreichend.

Die Fachkraft verteilt die Öl-Gläser und die Deckfarbenkästen auf dem Tisch.

Die Kinder legen ein Blatt Butterbrotpapier vor sich auf den Tisch und geben mit der Pipette ein paar Tropfen Öl darauf.

Sie nehmen den Pinsel, feuchten ihn an, nehmen Deckfarbe damit auf und versuchen, die Deckfarbe mit den Öltropfen zu vermalen. Wenn sie wollen, können sie mit einem Strohhalm das Öl-Deckfarbe-Gemisch über das Butterbrotpapier pusten.

Sie wiederholen das Ganze. Sie tröpfeln Öl mit der Pipette auf das Butterbrotpapier und versuchen, das Öl mit der Deckfarbe zu vermalen. Anschließend können sie pusten.

Zum Schluss legen die Kinder Küchenkrepp auf das Butterbrotpapier, um das überschüssige Öl aufzusaugen. Dann legen sie das Butterbrotpapier zum Trocknen. Nach dem Trocknen sieht das Papier wie Transparentpapier aus.

Papier mit Durchblick

Was steckt dahinter?

Trockenes Papier ist weiß, nasses durchsichtiger. Papier hat Kanäle (Kapillaren), in die Wasser und Öl eindringen können. Wasser und Öl mischen sich nicht, Öl verdunstet praktisch nicht.

Was ist passiert, als du das Öl auf das Papier getropft hast?
Es blieb erst auf der Oberfläche als kleiner Tropfen liegen. Hast du es geschafft, die Deckfarbe mit dem Öl zu vermischen? Es wollte nicht klappen, obwohl du es noch so sehr versucht hast, und auch Pusten half nicht. Das liegt daran, dass sich Wasser und Öl nicht mischen, weil sie sehr verschieden sind.

Hast du dir dein trockenes Papier angesehen?
Es ist weiß und undurchsichtig. Trockenes Papier erscheint weiß, weil sich in den Kanälen zwischen den einzelnen Papierfasern Luft befindet. Malst du mit Wasser über das Papier, wird es etwas durchsichtiger, weil sich die Kanäle zwischen den einzelnen Papierfasern mit Wasser füllen. Beim Trocknen verdunstet das Wasser und dein Papier wird wieder weiß und undurchsichtig.

Das Öl kann ebenfalls die Kanäle zwischen den Papierfasern auffüllen. Dadurch wird das Papier durchsichtig. Das Öl verdunstet nicht so leicht wie Wasser, deshalb bleibt es in den Kanälen zurück und dein Papier bleibt dort durchsichtig. Obwohl sich das Öl und die Deckfarbe nicht gemischt haben, ist trotzdem auch gefärbtes Wasser mit in die Papierkanäle gelangt. Das Wasser ist verdunstet und die Farbe ist zurückgeblieben, dadurch siehst du einen Farbeffekt.

s. „Reise durch zwei Flüssigkeiten" S. 38 und „Blubbern auf dem Meeresboden" S. 40

(Duft-)Papier schöpfen" S. 86 und „Papier hat auch Durst" S. 88

s. „Salziger Tonkarton" S. 20

 Anknüpfende Kreativ-Idee

Das Transparentpapier kann man zur Gestaltung von Fensterbildern (s. Foto Qualle), Laternen oder Windlichtern verwenden. Werden aus buntem Tonkarton Kreise oder Sterne ausgeschnitten und das Transparentpapier dahinter geklebt, entsteht ein Seifenblasen- oder ein Sternenbild.

Macht die Butter bunter!

Alter: ab 5 Jahren

Material: evtl. Silikonförmchen, Kakao, Kräuter, Lebensmittelfarbe, Gewürze wie Salz, Paprika, Kurkumapulver o. Ä.
pro Kind: 1 gut schließendes Schraubglas, 50–100 ml gut gekühlte Sahne (je mehr Sahne, desto mehr Arbeit und mehr Butter), 1 Löffel, 1 Stofftaschentuch oder Küchenkrepp

Vorbereitung: Wenn Kräuter zugegeben werden, diese zerkleinern, falls die Kinder das nicht übernehmen

Dauer: insgesamt ca. 10 min reine Schüttelzeit zzgl. ca. 5–10 min (Aufbereitung)

Es ist längst vergessen, wie Butter früher hergestellt wurde, bevor es Maschinen dafür gab. Das ist gar nicht schwer und die Kinder können ihre eigene Butter z. B. fürs gesunde Frühstück selber herstellen.

Die Fachkraft füllt ca. einen Viertel Becher Sahne in das Schraubglas und verschließt es mit dem Deckel. Die Kinder schütteln das Glas auf und ab. Sie müssen nicht mit viel Kraft, aber beständig schütteln. Das ist ziemlich anstrengend. Sie dürfen natürlich hin und wieder eine Pause machen und das Glas zwischendurch etwas (kühl) stehen lassen. Nach einiger Zeit (ca. 5 min) wird die Sahne fest. Die Kinder schütteln weiter und es scheidet sich im Glas ein grieseliger Feststoff ab, der in einer milchigen Flüssigkeit schwimmt. Sie schütteln noch weiter, bis der Feststoff zum Klumpen wird. Das ist die Butter, die in der Buttermilch schwimmt.

Die Kinder prüfen mit einem Löffel, wie fest die Butter ist. Dabei tippen sie mit dem Löffel auf den Feststoff im Glas. Ist die Butter noch sehr weich, sollte sie vor der weiteren Verarbeitung kühl gestellt werden. Die Kinder legen ein Stofftuch oder Küchenkrepp vor sich hin. Sie holen den Butterklumpen mit einem Löffel aus dem Glas und lassen die Buttermilch über dem Glas etwas abtropfen. Eventuell trocknen sie den Klumpen ab oder drücken ihn vorsichtig aus. Die Butter ist jetzt fertig.

Hinweis

Das Schütteln der Sahne kann eventuell mit einer anderen Tätigkeit abgewechselt werden. 10 min reine Schüttelzeit sind sehr anstrengend. Das Glas kann gerne zwischendurch etwas stehen, das schadet nicht, sondern nützt sogar!

💡 Was steckt dahinter?

Bei Sahne und Milch ist das Fett in ganz winzigen Tropfen im Wasser verteilt (es ist eine Emulsion). Dadurch sind sie weiß. Durch längeres Schütteln der Sahne (ca. 5-10 min) kann das Fett (die Butter) herausgeschüttelt werden.

Was ist passiert, als du dein Glas eine Weile geschüttelt hast?
Deine Sahne wurde fest und kurz darauf hat sich auf einmal ein Feststoff abgesetzt.

Aber was ist im Glas passiert?
Fett und Wasser mischen sich normalerweise nicht. Bei Flüssigkeiten wie Milch oder Sahne sind die Fetttröpfchen sehr klein und ganz fein im Wasser verteilt, deshalb entmischen sie sich nicht. Wie du sicher weißt, ist Butter ein Fett. Du hast also das Fett aus der Sahne geholt. Durch dein Schütteln haben sich die fein verteilten Fetttröpfchen gefunden und miteinander verklebt. Dadurch wurden aus den kleinen Fetttröpfchen größere Fetttropfen, die wieder größere Tropfen gefunden haben, und auf einmal hattest du Butter im Glas, die in einer milchig weißen Flüssigkeit schwamm. Die heißt Buttermilch – auch wenn das, was du im Laden als Buttermilch kaufst, etwas ganz anderes ist.

s. „Blubbern auf dem Meeresboden" S. 40, „Papier mit Durchblick" S. 42

🎨 Anknüpfende Kreativ-Idee

- **Butterfiguren:** Die Kinder holen die weiche Butter aus dem Glas, lassen sie auf einem Küchenpapier etwas abtropfen und drücken sie in Silikonformen. Diese stellen sie im Kühlschrank kalt.
- **Geschmacklich variierte und bunte Butter:** Soll die Butter eine Farbe oder eine bestimmte Geschmacksrichtung haben, geben die Kinder der Sahne vor dem Buttern z. B. Kakaopulver (Kakaobutter), Kräuter, Salz, Paprikapulver oder Kurkumapulver hinzu. So kann in geringen Mengen Butter mit ganz verschiedenen Geschmacksrichtungen hergestellt werden. Auch diese kann natürlich zu Butterfiguren geformt werden.
- **Bunte Butter:** Die Sahne vor dem Buttern mit Lebensmittelfarben einfärben, z. B. für die Halloween-Party.

Aus 2 mach 1 – Schmieriges zum Saubermachen, Malen, Kneten und Spielen

Knetseife – Seifenknete

Was ist Seife?
Warum ist Seife so besonders?
Wie wird Seife hergestellt?

Angst vor Seife

Was macht Seife mit Wasser?

Malen mit Seifenblasen

Wie schafft es die Seife, eine
Blase zu machen?
Wieso kann eine Seifenblase malen?

Rasierschaumregen

Was ist Schaum?

Rasierschaumbilder

Was passiert, wenn die Blase platzt?

Bunter Bauschaum

Was ist fester Schaum?
Wie macht man Rasierschaum?

3D-Farbe und Baustoff

Kann man Schaumbläschen mit Sand vermischen?
Was ist Kunststein?

Licht in der Tüte

Wieso werden die Hände beim Waschen sauber?

Seife im Filzmantel

Wieso wird Wolle hart, wenn sie zu warm gewaschen wird?

Knetseife - Seifenknete

Alter: ab 4 Jahren (mit Seifenflocken), ab 5–6 Jahren (mit Schaben der Seife)

Material: 1 verschließbare Dose für die Seifenflocken, 1 Teelöffel, Lebensmittelfarbe; evtl. Glitzer, Plätzchenausstecher, Sandkastenförmchen pro Kind: 1 Stück (Kern-)Seife oder 4–5 TL gekaufte Seifenflocken, 1 stumpfes Kindermesser, 1 kleine Schüssel, 1 Teelöffel, 1 TL Stärkekleister; evtl. 1–2 Tropfen Duftöl (bei Kernseife), Frischhaltefolie

Vorbereitung: Kochen des Kleisters (s. „Die Nudel und der Pudding" S. 68)

Dauer: 10–15 min (Schaben der Seife), 10–15 min (Knetseife)

Die Kinder nehmen ein Stück Seife und schaben mit dem Kindermesser kleine Flocken ab. Das ist etwas mühsam und vielleicht muss die Fachkraft jüngeren Kindern dabei behilflich sein. Das Schaben der Seife kann auch an mehreren Tagen durchgeführt werden. Die geschabten Seifenflocken können in einer verschließbaren Dose aufbewahrt werden. Die Kinder betrachten und befühlen die Seifenflocken genau. Die Fachkraft verteilt die Schüsseln an die Kinder und gibt in jede Schüssel 1 TL Kleister.

Die Kinder nehmen 2 TL Seifenflocken und rühren sie mit dem Löffel unter den Kleister. Ist der Seifenteig in der Schüssel noch zu feucht, geben die Kinder noch mehr Seifenflocken hinzu. Die Kleister-Seifen-Masse sollte sich wie ein Kloßteig anfühlen. Für ein größeres Stück Knetseife gibt die Fachkraft wieder je 1 TL Kleister und 2–3 TL Seifenflocken aus, die Kinder kneten dies unter. Die Kinder können die farblose Knetseifenmasse aufteilen und mit unterschiedlichen Lebensmittelfarben verschiedenfarbig einfärben oder Glitzer hinzufügen.

Sie verwenden die Knetseife wie herkömmliche Knete. Sie können Figuren ausformen, Farben miteinander kombinieren oder ganz eigene Kreationen erstellen. Dazu können sie Plätzchenausstecher oder Sandkastenförmchen verwenden.

Am Ende lassen die Kinder die Knetseife an der Luft liegen, dadurch wird sie fest wie normale Seife und kann auch so verwendet werden. In Frischhaltefolie eingewickelt bleibt sie einige Tage lang knetbar.

Hinweis
Statt Lebensmittelfarbe kann zur Herstellung farbiger Knetseifenmasse bunte Seife verwendet werden.

💡 Was steckt dahinter?

Seife wird aus Fett gemacht. Sie besteht aus zwei unterschiedlichen Teilen. Der eine Teil mag Fett, der andere Teil (Salz) mag Wasser. Deshalb verträgt sich Seife mit Wasser und Öl gleichzeitig. Stärkekleister klebt die Seifenflocken zusammen.

Hast du eine Ahnung, was Seife überhaupt ist?
Seife wird aus Fett oder Öl gemacht. Zu dem Fett oder Öl wird eine Chemikalie gegeben. Diese gehört nicht in Kinderhände und darum kannst du leider Seife nicht selber herstellen. Diese Chemikalie macht das Fett kaputt, dabei entsteht ein Salz. Du weißt ja vielleicht schon, dass sich Salz gut in Wasser löst (s. S. 20). Das tut die Seife auch, aber ein Teil von der Seife verhält sich immer noch wie ein Fett. Seife besteht aus zwei unterschiedlichen Teilen, die auf einer Seite eher Wasser mögen, auf der anderen Seite lieber Fett. Darum kann Seife sich sowohl in Wasser lösen als auch mit Fett oder Öl verbinden.

🎨 Anknüpfende Kreativ-Idee

Die Kinder können die Figuren nach Belieben formen – freihändig, mit Sandkastenförmchen oder mit Plätzchenausstechern.

Angst vor Seife

Alter: ab 4 Jahren

Material: Gläser für das gefärbte Wasser (2 Kinder pro Glas), Lebensmittelfarbe, Wasser, sehr kleine Schalen (2–3 Kinder pro Schale), Duschgel, Flüssigseife oder Shampoo; evtl. Schalen für Salz (2–3 Kinder pro Schale) pro Kind: weißes saugfähiges Papier, 1 Stift, 1 Schere, 1 Pipette, 1 Untertasse, 1 Teller oder Schale, wenig Milch (ca. 20–30 ml, muss den Boden bedecken), 1 Wattestäbchen, 1 Unterlage für den Papierfisch; evtl. 1 TL feines und 1 TL grobes Salz

Vorbereitung: Herstellen des farbigen Wassers (ca. 1 cm hoch Wasser in kleine Gläser geben und unterschiedlich färben; je nach Gruppengröße das farbige Wasser einmal ansetzen und auf mehrere Gläser verteilen), Abfüllen des Duschgels; ggf.: Abfüllen des Salzes, Aufzeichnen und Ausschneiden der Fische auf Papier

Dauer: 5–10 min (Bastelarbeit, evtl. am Vortag), 10 min (Milchbilder)

Die Kinder (oder die Fachkraft) malen einen kleinen Fisch auf ein weißes Blatt Papier, schneiden diesen aus und legen ihn beiseite. Die Fachkraft verteilt die Gläser mit dem bunten Wasser auf dem Tisch. Sie gibt jedem Kind eine Pipette und eine Untertasse (Teller, Schale) und befüllt diese mit Milch, bis der Boden bedeckt ist. Die Kinder tropfen mit der Pipette jeweils 1–2 Tropfen von jeder Farbe des gefärbten Wassers auf die Milchoberfläche. Es entsteht ein buntes Muster. Die Fachkraft verteilt die Schalen mit Duschgel, Flüssigseife oder Shampoo auf dem Tisch und gibt jedem Kind ein Wattestäbchen.

Die Kinder legen ihren Fisch auf die Milch, nehmen das Wattestäbchen, tauchen es kurz in die Schale mit Shampoo, Duschgel oder Flüssigseife, ziehen es wieder heraus und tauchen es dicht hinter dem Fisch in die Untertasse. Der Fisch schwimmt über den Teller. Sie beobachten auch, was mit den Farbflecken auf der Milchoberfläche passiert. Sie flitzen durcheinander. Diesen Vorgang wiederholen die Kinder. Sie können ihr Wattestäbchen um den Fisch herum eintauchen. Der Fisch bewegt sich. Leider funktioniert das nicht allzu oft.

Schuppen für den Fisch

Der Papierfisch ist eher blass. Durch „Salzen" bekommt er etwas Struktur. Die Fachkraft verteilt Schälchen mit grobem und feinem Salz auf dem Tisch. Die Kinder holen ihren Fisch aus dem Milchbad und legen ihn auf eine Unterlage. Sie bestreuen ihren Fisch mit Salz. Sie legen den Fisch mit Unterlage zum Trocknen. Nach dem Trocknen streifen sie das Salz ab.

Was steckt dahinter?

Seifenteilchen zwängen sich zwischen die Wasserteilchen an der Wasseroberfläche. Die Wasserteilchen können sich dadurch nicht mehr so gut aneinander festhalten. Die Grenzfläche wird dehnbarer.

Was war, als du dein Wattestäbchen neben deine Papierfigur in die Milch getaucht hast?
Die Figur ist davongeschwommen oder hat sich gedreht und die Farbflecke auf der Milch sind durcheinandergeflitzt.

Warum passierte das?
Wasser ist ein ganz besonderer Stoff, es hat eine Haut. Als du nun das Wattestäbchen zuerst in Flüssigseife und dann in die Milch getaucht hast, hat die Flüssigseife diese Haut zerstört. Dein Papiermotiv hat sich bewegt und die Farben sind durcheinandergeflitzt. Was ist passiert? Seife besteht aus kleinen Teilchen, die auf der einen Seite Wasser mögen und auf der anderen lieber Fett. Die Seite, die Fett mag, will gar nicht ins Wasser, deshalb bleiben die Seifenteilchen erst mal an der Oberfläche. Die Wasserteilchen halten sich – besonders an der Oberfläche – gerne aneinander fest und ziehen sich zueinander hin. Dabei stören sie aber die halb ins Wasser getauchten Seifenteilchen. Vor dem Papierfisch zieht das Wasser noch wie vorher, dahinter aber wegen der störenden Seife nicht mehr. Stell dir vor, zwei Kinder ziehen in entgegengesetzte Richtung an einem Boot und eines hört plötzlich auf.

Wie kommen die Schuppen auf den Fisch?
Durch das Salz, das du auf den Fisch gestreut hast, wird das Wasser in der Milch angezogen, dabei nimmt es die Farbe mit und es bilden sich kleine Farbinseln auf deinem Fisch.

s. „Papier hat auch Durst" S. 88

s. „Salz als Wassersauger" S. 26

Anknüpfende Kreativ-Idee

Anstelle des Fisches können die Kinder auch andere Papierfiguren ausschneiden. Durch die Farbe auf der Milch färben sich die Papierfiguren sehr dezent. Anschließend können sie z. B. zur Gestaltung einer Unterwasserwelt auf einen Meereshintergrund (s. „Salz als Wassersauger" S. 26) geklebt werden.

Malen mit Seifenblasen

Alter: ab 5–6 Jahren

Material: 1 Teelöffel, Lebensmittelfarbe
pro Kind: 1 Schüssel, ca. 100 ml Wasser oder 1/2 Glas, 1 EL Duschgel, Shampoo oder Flüssigseife, 1 TL Natriumalginat-Pulver (oder 1/2 TL Tapetenkleisterpulver und 1 TL Zucker), Papier, 1 Strohhalm; evtl. 1 Plastikflasche, 1 Schere, 1 Socke, 1 Haushaltsgummi

Dauer: 15 min, zzgl. Wartezeit (s. Hinweis)

Es ist ratsam, dass jedes Kind nur eine farbige Seifenlauge herstellt.

Die Fachkraft verteilt die Schüsseln an die Kinder. Die Kinder geben ca. 100 ml Wasser (ca. 1/2 Glas) hinein. Die Fachkraft gibt jedem Kind 1 TL Natriumalginat-Pulver (oder 1/2 TL Tapetenkleisterpulver und 1 TL Zucker) in die Schüssel.

Die Kinder rühren das Natriumalginat-Pulver mit dem Löffel unter und lassen es am besten über Nacht stehen. Wurden Tapetenkleister und Zucker verwendet, können die Kinder direkt weitermachen. Die Kinder oder die Fachkraft geben 1 EL Duschgel zu der (Natriumalginat-)Lösung, die nun fast klar ist, und rühren das Duschgel mit dem Löffel unter.

Sie nehmen einen Strohhalm, tauchen ihn in die Lösung, heben ihn heraus, lassen ihn über der Seifenlauge abtropfen und pusten vorsichtig in den Strohhalm. Die Kinder dürfen nicht zu stark in den Strohhalm pusten, sonst reißt der Seifenfilm am Strohhalmende. Es erfordert etwas Geduld, bis eine Seifenblase gelingt – eine gute Übung für die Mundmotorik. Die Fachkraft achtet darauf, dass die Kinder nicht zu viel Luft in die Seifenblasen-Lösung blubbern. Wenn zu viele kleine Schaumbläschen im Glas sind, entsteht am Strohhalmende kein Seifenfilm mehr, mit dem die Kinder Seifenblasen erzeugen können. Die Fachkraft bespricht mit den Kindern, wer welche Farbe benutzen möchte und wer die Farben mit wem teilt. Sie platziert die Kinder entsprechend am Tisch.

Sie oder die Kinder färben die Seifenblasen-Lösung nach Wunsch mit der entsprechenden Lebensmittelfarbe ein. Die Kinder nehmen ein Blatt Papier, legen es vor sich hin. Sie tauchen den Strohhalm in die Seifenblasen-Lösung, holen ihn heraus, lassen ihn gut abtropfen und pusten die Seifenblase direkt aufs Papier. Dabei ist es wichtig, dass sie sehr nahe an das Blatt Papier herangehen, denn die Seifenblase soll auf dem Papier platzen, damit ein farbiger Wasserfilm zurückbleibt. Die Kinder wiederholen diesen Vorgang mehrmals mit verschiedenfarbigen Seifenblasenlösungen, bis ein buntes Bild entstanden ist. Das Seifenblasenbild legen sie zum Trocknen.

Hinweis

Dieser Versuch kann geteilt werden: An einem Tag wird die Lösung hergestellt (hält sich im Kühlschrank sehr lange) und an einem anderen werden die Seifenblasenbilder gepustet. Die mit Natriumalginat-Pulver angesetzte Seifenblasen-Lösung ist dickflüssiger als die Tapetenkleister-Zucker-Variante. Dünnflüssige Seifenblasen-Lösungen verführen die Kinder dazu, diese durch Blubbern mit dem Strohhalm in einen Schaumberg zu verwandeln. Dies macht den Kindern sehr viel Spaß, aber der Putzaufwand und die Rutsch- und damit Verletzungsgefahr sind hoch.

MALEN MIT SEIFENBLASEN

Was steckt dahinter?

Für Seifenblasen braucht es Wasser, Seife, Verdickungsmittel (verhindert, dass das Wasser nach unten läuft und schnell verdunstet) und Luft. Die Seife schließt (buntes) Wasser als Film ein. Beim Platzen hinterlässt dieser Wasserfilm einen bunten Abdruck der Seifenblase auf Papier.

Seifenblasen sind so schön, aber was sind Seifenblasen überhaupt?

Für Seifenblasen brauchst du vor allem Wasser und Seife. Was macht nun die Seife mit dem Wasser? Der Teil der Seife, der Wasser mag, zwängt sich an der Wasseroberfläche zwischen die Wasserteilchen und macht dadurch die Wasseroberfläche dehnbarer. Wird Luft in die Seifenlösung gepustet oder gerührt, legt sich das Seifenwasser als dünne Haut um die Luftblase, sobald diese an die Wasseroberfläche kommt. Eine Seifenblase besteht also aus Luft und einer ganz dünnen Seifenwasserschicht. Ist der eingeschlossene Wasserfilm aus buntem Wasser, hinterlässt er beim Platzen einen bunten Abdruck der Seifenblase auf Papier.

Und warum platzen Seifenblasen?

Genauso wie Regen nach unten fällt, läuft auch das Seifenwasser der dünnen Seifenwasserschicht deiner Seifenblase nach unten. Am oberen Ende der Seifenbase wird die Wasserschicht ganz dünn. Außerdem geht auch das Wasser der Seifenwasserschicht in die Luft. Weil die Schicht so dünn ist, geht das sehr schnell, und die Blase zerplatzt. Gibst du nun etwas hinzu, was das Seifenwasser etwas zähflüssiger macht, z. B. Natriumalginat-Pulver oder Tapetenkleister, dann fließt das Wasser langsamer nach unten und die Seifenblase lebt etwas länger.

Du hast bestimmt bemerkt, dass du ganz vorsichtig und gleichmäßig in den Strohhalm pusten musst, um eine schöne Seifenblase zu erzeugen. Wenn du zu stark pustest, zerreißt der Seifenfilm, der sich an der Strohhalmöffnung gebildet hat, und es kann keine Seifenblase entstehen.

s. „Angst vor Seife" S. 50

s. „Salziger Tonkarton" S. 20

s. „Kleister, Kleister an der Wand" S. 34

 Anknüpfende Kreativ-Idee

Das Papier kann als Bild- oder Postkartenhintergrund, als Bild mit Passepartout oder zum Falten einer Tüte verwendet werden.

Rasierschaumregen

Alter: ab 4 Jahren

Material: Gläser für das gefärbte Wasser (2 Kinder pro Glas), Lebensmittelfarbe oder andere Farbe pro Kind: 1 großes, hohes Glas, Wasser, ca. 3–4 EL Rasierschaum, 1 Pipette

Vorbereitung: Herstellen des farbigen Wassers (die Breite von 1–2 Kinderdaumen hoch Wasser in kleine Gläser geben und jeweils mit Farbe unterschiedlich färben)

Dauer: 10 min

Die Fachkraft verteilt die Gläser mit buntem Wasser auf dem Tisch. Sie gibt jedem Kind ein großes, hohes Glas. Die Kinder teilen sich die verschiedenen Farben.

Die Kinder befüllen das große Glas mindestens bis zur Hälfte mit klarem Wasser.

Die Fachkraft sprüht jedem Kind eine dicke Schicht Rasierschaum in das Glas, bis das Wasser komplett mit Rasierschaum bedeckt ist.

Die Kinder nehmen die Pipette und tropfen das gefärbte Wasser auf den Rasierschaum und beobachten genau, was passiert. Die Kinder wiederholen das so oft, bis bunter Regen aus dem Rasierschaum in das Wasser darunter fällt.

Was steckt dahinter?

Schaum besteht aus ganz vielen aneinandergeklebten Seifenblasen. Das Innere der Seifenblase kann statt mit Luft auch mit buntem Wasser ausgefüllt werden.

Was ist passiert, als du das farbige Wasser auf den Schaum getropft hast?
Der Schaum hat sich bunt gefärbt, aber es ist nichts weiter passiert. Nachdem du immer mehr farbiges Wasser auf den Rasierschaum gabst, konntest du bunten Regen sehen, der aus dem Rasierschaum herausfiel.

Was ist Schaum überhaupt?
Schaum kennst du gut, er entsteht, wenn du deine Hände mit Seife wäschst, beim Duschen oder in der Badewanne. Seife besteht aus einem Teil, der Fett, und einem Teil, der Wasser mag. Der Teil der Seife, der Wasser mag, macht die Oberfläche des Wassers dehnbarer. Wenn Luftblasen kommen, kann sich das Seifenwasser um sie herumlegen und zu einer Seifenblase verschließen. Lagern sich viele Seifenblasen zusammen, entsteht Schaum. Weil jedes Bläschen nur ein dünner Wasserfilm ist, der viel Luft einschließt, ist dieser Schaum leichter als Wasser und bleibt deshalb auf der Wasseroberfläche liegen. Tropfst du farbiges Wasser auf den Rasierschaum, füllen sich die Luftbläschen mit dem gefärbten Wasser und färben den Schaum bunt. Irgendwann sind alle kleinen Seifenblasen mit farbigem Wasser gefüllt und der Rasierschaum kann kein Wasser mehr aufnehmen. Dann fällt es aus dem Rasierschaum in das darunterliegende Wasser. Das sieht dann aus, als ob es aus Rasierschaumwolken regnet.

s. „Angst vor Seife" S. 50

s. „Malen mit Seifenblasen" S. 52

Rasierschaumbilder

Alter: ab 5 Jahren

Material: Gläser für das gefärbte Wasser (2 Kinder pro Glas), Wasser, Lebensmittelfarbe
pro Kind: ca. 4–5 EL Rasierschaum (am besten sensitiv), 1 Teller, weißes, saugfähiges Papier, 1 Gabel oder Löffel, 1 Pipette

Vorbereitung: Herstellen des farbigen Wassers (die Breite von 1–2 Kinderdaumen hoch Wasser in kleine Gläser geben und jeweils mit Farbe unterschiedlich färben)

Dauer: 10–15 min

Die Fachkraft verteilt die Gläser mit buntem Wasser auf dem Tisch. Die Kinder teilen sich die verschiedenen Farben. Die Fachkraft gibt jedem Kind eine Gabel oder einen Löffel und einen Teller. Darauf sprüht sie einen großen Klecks Rasierschaum. Die Kinder verteilen den Schaum mit der Gabel bzw. dem Löffel, bis eine ebene Fläche auf dem Teller entsteht.

Sie tropfen mit einer Pipette unterschiedlich farbiges Wasser auf den Rasierschaumteppich. Die Kinder nehmen ein weißes, saugfähiges Blatt Papier, drücken es auf den Rasierschaum und nehmen das Blatt wieder hoch. Sie ziehen mit der Gabel oder dem Löffel den Rasierschaum von oben nach unten gleichmäßig ab. Das Bild zeigt Muster aus sehr zarten Farben.

Die Kinder legen das Bild zum Trocknen. Mit dem auf dem Teller verbliebenen Rasierschaum können die Kinder weiterarbeiten. Sie ziehen ihn wieder glatt und tropfen Farbwasser auf den Schaumteppich.

Ist der verbliebene Rasierschaum zu bunt, kann die Fachkraft noch etwas frischen zugeben.

Hinweis

Es empfiehlt sich, Aquarellpapier oder ähnlich gut saugendes Papier zu nehmen, denn die Farbkonzentration im Schaum ist nicht sehr hoch. Die Farbintensität der Bilder ist deshalb sehr zart.

RASIERSCHAUMBILDER

Was steckt dahinter?

Das bunte Wasser im Schaum kann auf Papier gebracht werden. Dabei helfen die Kanäle im Papier.

Du fragst dich vielleicht: Wie kommt die Farbe aufs Papier, eigentlich ist sie doch im Schaum?
Das ist eine gute Frage. Wenn du dein Blatt Papier auf den eingefärbten Schaum legst, platzen die winzigen Seifenblasen des Rasierschaums, in denen sich das Farbwasser befindet. Das farbige Wasser geht auf das Papier über. Es füllt die Kanäle zwischen den einzelnen Papierfasern. Da aber nur wenig buntes Wasser in so eine kleine Seifenblase passt, ist dein Papier nur sehr wenig gefärbt.

Wo hast du schon einmal Schaum gesehen?
Schaum kommt sehr häufig vor: beim Waschen deiner Haare, der Hände oder der Wäsche. Mineralwasser und Apfelschorle schäumen beim Einschenken. Bist du schon mal am Meer entlanggelaufen, wenn das Wasser an den Strand brandet? Das Meer schäumt als Gischt. Warum ist das so? Das liegt an den Dingen, die neben Wasser noch darin gelöst sind. Diese können die Luftbläschen stabilisieren, die sich dann zu ganz vielen zusammentun und Schaum bilden.

 Anknüpfende Kreativ-Idee

Die entstandenen Bilder sind sehr zart marmoriert. Sie eignen sich gut als Hintergrund zur Gestaltung anderer Bilder oder Postkarten.

Bunter Bauschaum

Alter: ab 3 – 4 Jahren (auf Papier), ab 4 – 5 Jahren (auf Glas)

Material: 1 Esslöffel; evtl. (Lebensmittel-)Farbe, Glitzer, Glitzersterne
pro Kind: Tonkartonreste in Schwarz und Orange, 1 Schere, 1 Schüssel, 1 Teelöffel, 2 EL Rasierschaum (hoch aufgeschäumt), 1 EL Tapetenkleister, 1 altes Schraubglas, 1 Pinsel, 1 batteriebetriebenes Teelicht

Dauer: 10 – 15 min

Die Kinder schneiden aus schwarzem Tonkarton zwei kleine Kreise für die Augen und aus orangem Tonkarton ein Dreieck für die Nase des Schneemanns aus. Die Fachkraft verteilt Löffel und Schüsseln an die Kinder.
  Sie gibt in jede Schüssel 1 EL Tapetenkleister und 2 hoch aufgeschäumte Esslöffel Rasierschaum. Die Kinder verrühren die Zutaten mit dem Löffel.
  Falls gewünscht, verteilt die Fachkraft die Farben und das Glitzerpulver zum Einfärben des Schaums.
  Die Kinder bemalen ihr Glas mit der Schaumfarbe. Sie können sie mit den Fingern oder dem Pinsel auftragen.
  Die Kinder drücken die Tonkarton-Augen und -Nase in die Rasierschaumfarbe auf ihrem Glas. Sie lassen das Glas trocknen.
  Sie tippen auf den festen Schaum und erkunden, wie er sich anfühlt. Die Farbe hat einen leichten 3-D-Effekt und fühlt sich flauschig und weich an.
  Nach dem Trocknen können die Kinder ein batteriebetriebenes Teelicht hineinstellen.

Bunter Bauschaum

💡 Was steckt dahinter?

In festem Schaum sind die kleinen Luftblasen durch feste Wände getrennt.

Wie hat sich die Rasierschaumfarbe nach dem Trocknen angefühlt?
Sie war weich und hat etwas nachgegeben, als du darauf gedrückt hast. Der Rasierschaum ist fest geworden. Die Seifenwände sind hart geworden und haben die Luftblasen darin eingeschlossen. Es gibt auch noch ganz anderen festen Schaum, z. B. Schaumstoff, Luftschokolade, Marshmallows oder Bauschaum. Bauschaum wird häufig zum Abdichten von Fenstern oder Türen verwendet.

Was ist Rasierschaum überhaupt?
Heute kauft man ihn in Dosen. Man kann ihn auch selbst herstellen, indem man ein Stück Rasierschaumseife anfeuchtet und mit einem Rasierpinsel in einem Schälchen oder direkt auf der Haut zu Schaum schlägt. Die Haare des Pinsels ziehen das Seifenwasser auseinander, lassen so Luft dazwischen, und ein Film Seifenwasser schließt sich um die Bläschen, so ähnlich wie beim Sahneschlagen.

> s. „Malen mit Seifenblasen"
> S. 52

🎨 Anknüpfende Kreativ-Idee

- Die Rasierschaumfarbe haftet sowohl auf Glas als auch auf Papier und Holz. Nach dem Trocknen ist sie aufgeplustert.
- In der Winterzeit kann sie z. B. als Schnee an die Fenster gemalt werden, denn mit Wasser lässt sie sich gut wieder abwaschen. Besonderer Schnee entsteht, wenn unter den Rasierschaum Glitzer gerührt wird. Außer Windlichtern lassen sich auch viele andere Dinge damit gestalten.
- Die Rasierschaum-Plusterfarbe kann auch zur Gestaltung von Bildern verwendet werden. Im Winter bieten sich Schneemann- und Schneeflockenbilder an. Ebenso gut eignet sich die Farbe für Wolken und Himmelsbilder, Schafe, Bonbons, Eiskugeln und vieles mehr.

3D-Farbe und Baustoff

Alter: ab 4 Jahren

Material: 1 Esslöffel, Lebensmittelfarbe oder wasserlösliche Flüssigfarbe; evtl. Plätzchenausstecher
pro Kind: 1 Schüssel, 2 EL Rasierschaum (hoch aufgeschäumt), 1 EL Tapetenkleister, 1 Teelöffel, ca. 4 EL Vogelsand, 2 kleine Schalen zum Anmischen verschiedener Farben, 1 Pinsel; evtl. 1–2 EL Sand, 1 Blatt Papier

Dauer: 10–15 min

Die Fachkraft gibt in jede Schüssel 1 EL Tapetenkleister und 2 hoch aufgeschäumte EL Rasierschaum.

Die Kinder verrühren die Zutaten mit dem Löffel. Die Fachkraft gibt nacheinander in jede Schüssel 4 EL Vogelsand. Die Kinder rühren den Sand mit dem Löffel unter.

Die Fachkraft verteilt zwei kleine Schalen an die Kinder für zusätzliche Farben. Die Kinder füllen in jede Schale 1–2 TL der Kleister-Schaum-Sand-Mischung.

Die Fachkraft färbt die Mischung in den Schalen je nach Kinderwunsch ein. Die Mischung in der Schüssel bleibt ungefärbt.

Die Fachkraft verteilt Papier an die Kinder. Die Kinder können die Farbe mit dem Pinsel oder den Fingern auf das Papier auftragen.

Sie legen ihr Bild zum Trocknen. Dabei bleibt die aufgetragene Mischung erhaben und es entsteht ein dreidimensionales Kunstwerk.

Falls noch Farbreste übrig sind, gibt die Fachkraft in jede Schale etwa 1 TL Sand. Die Kinder rühren ihn unter, sodass eine formbare Masse entsteht (s. Kreativ-Idee, S. 61).

Was steckt dahinter?

Kunststein ist ein wichtiger Baustoff. Er wird aus vermahlenen Natursteinen oder Sand und einem Bindemittel hergestellt.

Was ist passiert, als du Sand zu dem Rasierschaum-Kleister-Gemisch gegeben hast?
Es hielt seine Form besser und du konntest mit der Kleister-Schaum-Sand-Mischung sogar kleine Berge und Strukturen auf das Papier machen. Gibst du noch mehr Sand zu, kannst du sogar Dinge damit formen. Du hast Kunststein hergestellt. Kunststeine werden durch Vermengen von Sand, Kies oder anderen gemahlenen Steinen mit einem Klebemittel hergestellt. Bei dir war das Klebemittel die Rasierschaum-Kleister-Mischung. Normalerweise wird dafür Zement oder ein Harz verwendet. Wird Zement mit Sand, Schotter oder Kies vermischt und Wasser zugegeben, gibt es Beton. Das kennst du, oder?

Anknüpfende Kreativ-Idee

Baustoff: Wird das Mengenverhältnis Rasierschaum-Kleber-Masse zu Sand verändert, entsteht eine weiche, gut formbare Masse. Das Verhältnis ist: 1 EL Kleister, 2 EL Rasierschaum und 5–6 EL Sand. Den Sand in sehr kleinen Portionen zugeben, denn die Modelliermasse lässt sich schlecht formen, wenn sie zu bröselig ist. Die Kinder formen aus der Masse Figuren. Sie können auch Plätzchenausstecher zu Hilfe nehmen. Die Figuren lassen sie an der Luft trocknen.

Licht in der Tüte

Alter: ab 5 Jahren

Material: 1 Esslöffel, 1 Teelöffel
pro Kind: 1 Blatt Papier, Kleber, 1 Kittel, 1 Schale, 1 TL Öl (am besten Leinöl), 1 EL wasserlösliche Flüssigfarbe, Lebensmittelfarbe oder mit Deckfarbe intensiv eingefärbtes Wasser, 1 Pinsel, 1 TL Spülmittel, 1 batteriebetriebenes Teelicht; evtl. 1 Filtertüte

Dauer: 15–20 min

Die Kinder nehmen ein Blatt Papier und falten daraus eine Tüte, ggf. hilft die Fachkraft den jüngeren Kindern dabei. Im Internet gibt es zahlreiche Anleitungen für Papiertüten, ein beispielhafter Link ist auf Seite 107 angegeben.

Die Kinder ziehen Kittel an und wählen eine Farbe aus. Die Fachkraft gibt jedem Kind etwa 1 TL Öl in eine Schale. Sie oder die Kinder fügen etwa einen 1 EL Farbe hinzu. Die Kinder nehmen den Pinsel, rühren um und beobachten, ob sich das Öl und die Farbe mischen. Die Fachkraft gibt zu jeder Öl-Farb-Mischung etwa 1 TL Spülmittel.

Die Kinder rühren kräftig mit dem Pinsel um. Es sollte eine cremige, farbige Masse entstehen. Damit bemalen sie die Papiertüte.

Hinweis

Das Spülmittel besitzt eine große Fettlösekraft. **ACHTUNG!** Auf Spülmittel befindet sich ein Gefahrensymbol: Bitte die Kinder darauf hinweisen, vorsichtig damit umzugehen.

Nicht zu viel Öl zur Herstellung der Farbe verwenden. Die fettige Farbe weicht das Papier auf und es wird an den Faltstellen brüchig.

Was steckt dahinter?

Öl und wässrige Farbe mischen sich nicht. Nach Zugabe von Seife und anschließendem Rühren bilden sich kleine Öl-Tröpfchen, die von der Seife umschlossen werden. Dabei zeigt der fettliebende Teil der Seife zum Öl, der wasserliebende Teil der Seife in Richtung Wasser. So können sich Öl und Wasser mischen. Das passiert auch mit dem Schmutz beim Händewaschen.

Was ist passiert, als die wässrige Farbe zum Öl kam?
Du konntest sie mit dem Pinsel nicht vermischen. Aber als die Seife dazukam, haben sich das Öl, die Seife und die Farbe gemischt. Als du kräftig gerührt hast, konntest du damit malen. Was macht die Seife? Seife ist so aufgebaut, dass sie einen Teil hat, der Wasser mag und einen Teil hat, der Öl mag.

Wieso werden die Hände und das Geschirr durch Waschen mit Seife sauber?
Wenn du schmutzige Hände hast oder das Geschirr dreckig ist, ist der Schmutz meist fettig. Trifft Wasser auf fettigen Schmutz, mischen sich Wasser und fettiger Schmutz nicht und der Schmutz lässt sich nicht abwaschen. Wäschst du die Hände mit Seife, nimmt der Fettteil der Seife den fettigen Schmutz mit und der Teil der Seife, der Wasser mag, hält sich am Wasser fest. Durch das Reiben der Hände entstehen winzige Fett-Tröpfchen, die von den Seifenteilchen umschlossen werden. Dabei zeigt der Fett-Teil der Seife Richtung Öl und der Teil, der Wasser mag, schaut ins Wasser. Dadurch wird der Schmutz gut abgewaschen. Genau das ist auch bei deiner Öl-Farb-Mischung passiert, als Spülmittel hinzugekommen ist. Je länger du gerührt hast, desto cremiger wurde deine Mischung. Dabei hast du kleine Öl-Tröpfchen hergestellt, die von der Seife umschlossen wurden.

s. „Knetseife – Seifenknete" S. 48

s. „Reise durch zwei Flüssigkeiten" S. 38

Anknüpfende Kreativ-Idee

Die Kinder können die Tüte nach dem Trocknen weiter verzieren, z. B. mit einem Kleisterbild oder Sandbildelementen. Kleisterbilder bieten sich besonders an, da sie transparent sind und das Papier der Tüte stabilisieren

Da die Farbe ölig ist, wird das Papier transparent und eignet sich z. B. zum Herstellen von Windlichtern.

Statt einer selbst gefalteten Tüte können die Kinder auch eine Filtertüte bemalen.

s. „Kleister, Kleister an der Wand" S. 34

s. „Papier mit Durchblick" S. 42

Seife im Filzmantel

Alter: ab 5 Jahren

Material: wasserfeste Unterlage (z. B. Luftpolsterfolie), (verschieden farbige) Filzwolle, Messer, Esslöffel; evtl. Handtücher
pro Kind: 1 kleines Seifenstück, 1 Schüssel, 1–2 EL Kernseifen-Raspel, ca. 300 ml warmes Wasser

Vorbereitung: Seifenstücke kindgerecht zuschneiden

Dauer: 10–15 min

Die Kinder oder die Fachkraft verteilen die wasserfeste Unterlage auf dem Tisch.

Die Kinder wählen eine oder zwei Farben der Filzwolle aus und legen sie vor sich auf den Tisch. Sie zerfasern die Filzwolle mit den Fingern etwas, sodass sie flach und eckig wie ein Teppich aussieht.

Die Kinder wählen ein Stück Seife, legen es auf ihren Filzwolleteppich und testen, ob die Filzwolle ganz um die Seife herumreicht.

Sie legen die Filzwollestückchen in verschiedenen Richtungen um ihr Seifenpäckchen.

Die Fachkraft raspelt von einem Stück Kernseife mit einem Messer Seifenraspel ab. Die Menge an Raspel soll auf 1 bis 2 EL passen. Die Kinder geben die Seifenraspel in eine Schüssel und lösen sie mit ca. 300 ml warmem Wasser auf.

Sie nehmen das eingepackte Seifenstückchen und tauchen es in die Seifenlauge. Sie seifen ihre Hände ein, streichen die Wolle vorsichtig glatt und drücken sie fest an die Seife.

Die Kinder bewegen das Stück Seife in der Hand, als würden sie sich die Hände waschen. Dadurch startet der Filzvorgang. Diese Bewegungen wiederholen sie ein paarmal. Die Kinder fühlen, wie die Wolle um die Seife immer fester wird. Sie verfilzt. Schäumt es den Kindern zu sehr, können sie die Seife unter dem Wasserhahn warm abspülen und mit der warmen Seifenlauge weiterfilzen.

Ist die Seife fest eingepackt, dann ist das Werk fertig. Die Kinder spülen ihr Seifenpaket mit Wasser ab und legen es zum Trocknen.

Was steckt dahinter?

Wollfasern haben Schuppen an der Oberfläche. Diese Schuppen sind mit Wollfett bedeckt. Seife löst das schützende Wollfett von den Fasern und die Schuppen verhaken sich ineinander. Die Wolle verfilzt und wird dadurch hart.

Was hast du gespürt, als du dir mit deinem in Wolle eingepackten Seifenstück in der Seifenlauge die Hände gewaschen hast?
Die Wolle um die Seife wurde ganz fest und fühlte sich auf einmal härter an.

Was ist passiert?
Wolle ist das Haar von Tieren, z. B. Schafen oder Angora-Kaninchen, und besteht aus vielen einzelnen Fasern. Das konntest du gut sehen, als du die Wolle zerfasert hast. Diese Fasern haben an der Oberfläche Schuppen, die wie Dachziegel angeordnet sind. Das schützt die Tiere vor Regen – wie ein Dach. Damit sie schön fest anliegen und nicht miteinander verhaken, sind diese Schuppen mit Wollfett bedeckt. Gibst du deine eingepackte Seife in die Seifenlauge, löst du dieses Fett ab. Die Schuppen sind nun nicht mehr geschützt und können sich mit den Schuppen anderer Wollfasern verhaken. Je mehr du reibst und knetest, desto stärker verschlingen sich die Fasern ineinander. Die Wolle wird dadurch fester, du hast sie verfilzt.

s. „Licht in der Tüte" S. 62

Stark, stärker, Stärke – bändigt Wasser, Seife und Sand

Die Nudel und der Pudding

Warum wird die Nudel beim Kochen weich und der Pudding fest?

Drück mich fest – lass mich fließen

Was haben Blut und ein Wasser-Stärke-Gemisch gemeinsam?

Trick-Knete

Was ist Stärke?

Einfach Knete

Stärke und Mehl sehen gleich aus –
was ist der Unterschied?

Sauberer Flubber

Wie wird aus Duschgel Knete?
Was hat der pflegende Flubber
mit Speiseeis gemeinsam?

Knet-Sand – gerne auch farbig

Warum kann man nur mit feuchtem
Sand gute Kuchen backen?

Die Nudel und der Pudding

Alter: ab 3 Jahren

Material: 1 Esslöffel, 1 Schüssel, 1 gehäufter EL Speisestärke, 1 EL Wasser, ca. 300 ml heißes Wasser, Wasserkocher oder Herd; evtl. Lebensmittelfarbe, Glitzer, Glitzersterne, Sand, Konfetti, Gläser für Windlicht pro Kind: 1 kleine Schüssel, 1 Teelöffel, 1 Blatt Papier; evtl. 1 Pinsel

Dauer: 2–5 min zzgl. Bastelarbeit

Da hier mit heißem Wasser hantiert wird, besteht Verbrennungsgefahr! Ausnahmsweise empfiehlt es sich, diesen Versuch vorzuführen. Aber auch das Zuschauen lohnt sich. Es ist toll zu sehen, wie sich die trübe Stärke-Wasser-Mischung bei der Zugabe von heißem Wasser in durchsichtigen Kleister verwandelt.

Die Fachkraft füllt 1 gehäuften EL Speisestärke in eine Schüssel. Sie verrührt die Speisestärke mit ca. 1 EL kaltem Wasser. Es sollte ein zähflüssiger Brei entstehen. Die Fachkraft erhitzt das Wasser im Wasserkocher zum Kochen, gibt das heiße Wasser zum Stärkebrei in die Schüssel und rührt vorsichtig um. Der Brei wird durchsichtig und ganz zäh. Der Kleister ist fertig. Die Fachkraft verteilt an die Kinder kleine Schüsseln und Teelöffel. Sie gibt in jede Schüssel 1 bis 2 EL abgekühlten Kleister und etwas Lebensmittelfarbe. Die Kinder rühren die Farbe mit dem Teelöffel unter. Jedes Kind rührt nur eine Farbe an. Für bunte Bilder tauschen die Kinder die Farben untereinander. Sie legen ein Blatt Papier vor sich hin und bemalen es mit den Fingern oder einem Pinsel. Zur Verzierung können sie Glitzer, Glitzersterne, Sand oder Konfetti darüber streuen. Sie legen das Bild zum Trocknen.

Hinweise

Leider kleistert nicht jede Speisestärke ohne Aufkochen gleich gut. Manchmal muss sie noch einmal auf dem Herd unter Rühren aufgekocht werden. Die besten Erfahrungen sammelten wir mit der Speisestärke von Lidl. Die Bilder mit Stärke-Kleister müssen gut durchtrocknen, da der Kleister sonst leider leicht verdirbt und anfängt zu schimmeln. Als Farbe oder Kleber benutzt, trocknet er gut und ist dann haltbar und harmlos.

Was steckt dahinter?

Die in kaltem Wasser angerührte Stärke bindet das heiße Wasser. Dadurch wird der trübe, undurchsichtige Brei klar und klebrig. Die Stärke ist verkleistert. Das passiert auch beim Kochen von Nudeln, Reis und Kartoffeln. Wie du sehen konntest, löst sich Stärke in kaltem Wasser nicht auf.

Was passierte mit der Stärke-Wasser-Mischung, als heißes Wasser dazugegeben wurde?
Sie wurde klar und klebrig. Die Stärke verkleisterte. Genau das passiert auch beim Kochen von Nudeln, Reis oder Kartoffeln, sie werden weich und du kannst sie essen. Das bedeutet: Stärke kann unter Hitze 2- bis 3-mal mehr Wasser aufnehmen, als sie selbst wiegt. Dabei entsteht eine gelartige Masse, der Stärkekleister.

Hast du schon einmal beim Puddingkochen geholfen?
Dabei passiert genau das Gleiche. Das Pudding-Pulver besteht aus Stärke sowie Aroma, damit er gut schmeckt, und Farbstoffen. Gibst du mit etwas kalter Milch angerührtes Puddingpulver in die heiße Milch und kochst das Ganze auf, verkleistert die Stärke und es entsteht Pudding.

Anknüpfende Kreativ-Idee

Der eingefärbte Kleister ist als Kleber und/oder Farbe nutzbar. Da dieser vollkommen ungefährlich ist, kann er auch als Fingerfarbe verwendet werden. Durch die Zugabe von Glitzer entsteht Glitzerfarbe/Glitzerkleber. Selbstverständlich können z. B. Glitzersterne, Sand, Konfetti und Ähnliches untergemischt werden. Er eignet sich auch, um damit Weihnachtskugeln und Gläser zu verzieren oder Luftballons zu bekleben. Die Gläser können als Windlichter oder Aquarium weiterverarbeitet werden.

Als Fensterfarbe muss er intensiv eingefärbt werden, ansonsten wirkt er etwas blass. Der Stärkekleister ist sehr gut wasserlöslich und geht leicht vom Fensterglas wieder ab.

Da es sich gleichzeitig auch um einen Kleber handelt, können die Kinder auch nach dem Vermalen Glitzer darüber streuen, um das Bild oder Werkstück zu verzieren.

Drück mich fest – lass mich fließen

Alter: ab 3 Jahren

Material: Gläser, Wasser, 1 Esslöffel; evtl. Lebensmittelfarbe
pro Kind: 1 Schüssel, 1 Pipette, 1 Teelöffel, 1 EL Speisestärke

Vorbereitung: Befüllen der Gläser mit Wasser

Dauer: 10 min

Die Fachkraft stellt Gläser mit Wasser auf dem Tisch bereit. Sie verteilt an jedes Kind eine Schüssel, eine Pipette und einen Teelöffel. Die Fachkraft gibt 1 EL Speisestärke in jede Schüssel. Die Kinder tropfen unter Rühren ganz vorsichtig etwas Wasser mit der Pipette hinzu. Soll der Brei bunt sein, gibt die Fachkraft Lebensmittelfarbe hinzu.

Die Kinder tropfen so viel Wasser hinzu, bis das Umrühren schwierig wird. Sie nehmen den Brei aus der Schüssel und kneten ihn mit den Händen. So testen sie, ob der Brei die richtige Konsistenz besitzt: Sie legen den Brei auf die Hand und schließen diese. Bildet sich ein fester Klumpen in ihrer Hand, der wieder flüssig wird, wenn sie ihre Hand öffnen, ist der Brei perfekt. Die Kinder tauchen einen Finger einmal langsam und einmal schnell in ihren Stärkebrei und beobachten, was passiert. Sie nehmen einen Löffel und tauchen diesen einmal schnell und einmal langsam in den Brei.

Was steckt dahinter?

Wird bei einem bestimmten Mischungsverhältnis von Stärke und Wasser schnell auf den Brei gedrückt, so wird dieser fest. Er wird sofort wieder flüssig, wenn er losgelassen wird.

Was ist passiert, als du auf den Brei gedrückt hast?

Er ist fest geworden. Kaum öffnest du deine Hand, fließt er dir aus den Fingern. Warum verhalten sich Wasser und Stärke als Gemisch so komisch? Stärke löst sich in Wasser nicht auf, sondern verteilt sich darin ganz fein. Ab einem gewissen Verhältnis von Wasser zu Stärke wird der Brei fest, wenn du darauf drückst. Woran liegt das? Wenn du deinen Brei zusammen- und das Wasser zur Seite drückst, können sich die großen Stärketeilchen aneinander festhalten. Lässt du wieder los, drängt sich Wasser dazwischen und der Brei wird flüssig.

Man nennt das eine nicht-Newtonsche Flüssigkeiten. Newton war ein berühmter Forscher, der vor langer Zeit gelebt hat. Eine andere Flüssigkeit, die sich ungewöhnlich verhält, wenn sie zusammengedrückt wird, ist Blut. Anders als unser Stärke-Wasser-Gemisch wird Blut bei Druck aber flüssiger. Das ist ein Glück, denn um deine Organe zu versorgen, muss es durch sehr dünne Äderchen fließen können. Darin wird es zusammengedrückt und kommt so schneller voran.

Trick-Knete

Die Fachkraft verteilt an jedes Kind eine Schüssel und einen Teelöffel. Sie gibt jeweils 2 EL Wasser sowie 1 TL Öl in jede Schüssel. Soll die Fließknete bunt sein, gibt die Fachkraft Lebensmittelfarbe zu.

Sie verteilt nach und nach die Stärke-Salz-Mischung an die Kinder. Sie beginnt mit einem EL pro Kind. Am Ende soll jedes Kind 3 EL davon erhalten. Die Kinder rühren das Salz-Stärke-Gemisch unter. Dabei beobachten sie, was mit dem Wasser passiert. Ist der Teig der Kinder zu feucht geworden, gibt die Fachkraft etwas von dem Stärke-Salz-Gemisch dazu. Ist der Schüsselinhalt zu bröselig, geben die Kinder vorsichtig etwas Wasser mit der Pipette zu.

Die Kinder beginnen zu kneten. Sie beobachten, wie sich die Fließknete verhält. Sie halten sie in die Luft, formen die Fließknete zu einer Kugel, legen sie auf den Tisch und beobachten sie und spielen mit ihr.

Hinweis

Die Kinder wollten den Brei von „Drück mich fest – lass mich fließen" immer mit nach Hause nehmen, deshalb haben wir einen Brei zum Mitnehmen entwickelt.

Alter: ab 3–4 Jahren

Material: 1 große Schüssel, 1 Esslöffel, 1 Teelöffel; evtl. Lebensmittelfarbe, 1 Glas
pro Kind: 1 Schüssel, 1 Teelöffel, 2 EL Speisestärke, 1 EL Salz, 1 TL Öl, 2 EL warmes Wasser, 1 Pipette

Vorbereitung: Abfüllen des warmen Wassers, Herstellen der Speisestärke-Salz-Mischung (pro Kind 2 EL Speisestärke und 1 EL Salz in einer großen Schüssel vermischen)

Dauer: 10 min

Was steckt dahinter?

Stärke ist Hauptbestandteil von Mehl, aber auch Kartoffeln, Reis und Mais. Sie ist das wichtigste Kohlenhydrat für uns Menschen.

Was ist Stärke überhaupt?

Stärke sieht aus wie Mehl, ist aber keines. Sie ist allerdings einer der Hauptbestandteile von Mehl. Stärke kommt in pflanzlichen Lebensmitteln vor, wie Kartoffeln, Reis, Weizen, Mais usw. Sie ist der Energiespeicherstoff von Pflanzen. Für uns Menschen ist Stärke der wichtigste Energiespender im Essen. Aber was ist Stärke denn jetzt genau?

Stärke ist ein Riesenteilchen (Makromolekül), das aus vielen kleinen Bausteinen besteht. Das musst du dir so vorstellen, als ob du eine ganz lange Kette aus den immer gleichen Bausteinen baust. Den kleinsten Baustein des Stärketeilchens kennst du gut, das ist Traubenzucker (Glucose). Wenn du ein Brot in den Mund nimmst und ganz lange darauf herumkaust, wird es von deinem Speichel in kleine Bausteine zerlegt und es schmeckt süß, das liegt am Traubenzucker.

Einfach Knete

Alter: ab 4–5 Jahren

Material: 1 große Schüssel, 1 Esslöffel, 1 Teelöffel; evtl. Lebensmittelfarbe, 1 Glas
pro Kind: 1 Schüssel, 1 Teelöffel, 2 EL Mehl, 1 EL Salz, 2 EL warmes Wasser, 1 TL Öl, 1 Pipette

Vorbereitung: Abfüllen des warmen Wassers, Herstellen der Mehl-Salz-Mischung (pro Kind 2 EL Mehl und 1 EL Salz in einer großen Schüssel vermischen)

Dauer: 10 min

Die Fachkraft verteilt die Schüsseln und Löffel an die Kinder und gibt jeweils 2 EL Wasser sowie 1 TL Öl in die Schüsseln.

Nach und nach verteilt sie die Mehl-Salz-Mischung an die Kinder. Sie beginnt mit einem EL pro Kind. Am Ende soll jedes Kind 3 EL davon erhalten. Für bunte Knete verteilt die Fachkraft Lebensmittelfarbe.

Die Kinder rühren das Salz-Mehl-Gemisch schrittweise unter. Ist der Teig der Kinder zu feucht geworden, gibt die Fachkraft noch etwas von dem Mehl-Salz-Gemisch dazu.

Ist der Schüsselinhalt der Kinder zu bröselig, geben die Kinder vorsichtig etwas Wasser mit der Pipette hinzu und kneten dieses unter. Wenn sich die Knete wie ein geschmeidiger Teig anfühlt, ist sie fertig.

Die Kinder lagern die Knete in einer verschließbaren Dose, damit sie nicht austrocknet.

Hinweis

Leider ist diese Knete nicht ewig haltbar. In anderen Rezepten zur Herstellung von Knete wird Zitronensäure oder Alaun hinzugegeben, um sie haltbar zu machen. Beides gehört jedoch nicht in Kinderhände. Darum die Knete einfach entsorgen und wieder neue herstellen, wenn sie nicht mehr gut riecht.

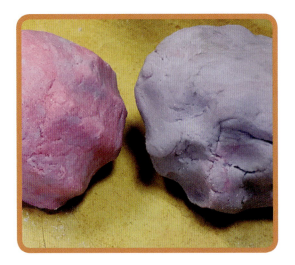
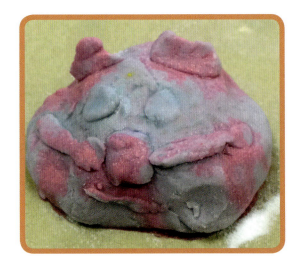

Einfach Knete

💡 Was steckt dahinter?

Salz bindet Wasser im Teig und macht ihn dadurch haltbar. In Mehl befindet sich neben Speisestärke ein Kleber (Gluten), der die Knete oder den Teig geschmeidig macht. Deshalb verhält Mehl-Knete sich anders als Stärke-Knete.

Salzteig ist anders als normaler Teig, den du vom Kuchenbacken kennst. Wie der Name schon sagt, besteht er neben Mehl aus ganz viel Salz. Deshalb kann man ihn auch nicht essen. Das Salz wird gebraucht, damit der Teig nicht schlecht wird oder zu schimmeln beginnt. Bakterien und Schimmelpilze mögen es feucht. Das Salz bindet das Wasser im Teig. Sie können sich dann nicht vermehren und der Teig verdirbt nicht.

Mehl besteht neben Stärke auch aus einem Kleber (Gluten), der dafür sorgt, dass der Teig besser zusammenhält und das Brot oder der Kuchen beim Backen braun werden. Es gibt Menschen, die diesen Kleber nicht gut vertragen können und darauf allergisch reagieren. Für diese Menschen gibt es extra Lebensmittel ohne Gluten.

s. „Salz als Wassersauger" S. 26

s. „Die hilfsbereite Kartoffel" S. 28

🎨 Anknüpfende Kreativ-Idee

Salzteigfiguren: Aus dem Knetteig können Figuren modelliert werden. Lässt man sie an der Luft trocknen, wird die Knete wie Salzteig fest.

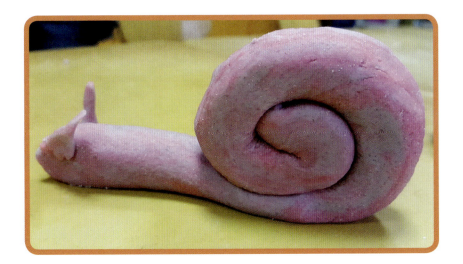

Sauberer Flubber

Alter: ab 5 Jahren

Material: 1 Esslöffel, 1 Teelöffel; evtl. Lebensmittelfarbe, Glitzer; evtl. Plätzchenausstecher
pro Kind: 1 kleine Schüssel, 1 Teelöffel, 1 gehäufter EL Speisestärke, 1 EL Flüssigseife, Duschgel, Schaumbad o. Ä., 1 TL Öl; evtl. 1 Einweg-Spritze

Dauer: 10–15 min

Die Fachkraft verteilt an jedes Kind eine kleine Schüssel und einen Teelöffel. Sie gibt in jede Schüssel 1 EL Speisestärke, 1 EL Flüssigseife, Duschgel oder Shampoo und 1 TL Öl.

Die Kinder verrühren die Zutaten mit dem Teelöffel. Sie nehmen die entstandene Masse in die Hand und beginnen zu kneten.

Die Fließseife soll wie Knete knetbar sein. Ist sie zu trocken, gibt die Fachkraft noch etwas Seife, Duschgel oder Shampoo zu. Ist sie zu feucht ist, gibt die Fachkraft etwas Speisestärke hinzu. Fühlt sich die Seifenknete zu spröde an, gibt die Fachkraft ein paar Tropfen Öl in die Schüssel.

Die fertige Fließseife sollte etwas auseinanderlaufen, wenn die Kinder sie als Ball auf den Tisch legen. Die Fachkraft gibt ganz wenig Lebensmittelfarbe zur Fließseife.

Die Kinder kneten sie durch. Dabei beobachten sie, wie sich die Farbe in der Knetmasse verteilt. Es entsteht eine Marmorierung. Selbstverständlich können die Kinder auch zwei oder drei verschiedene Farben einkneten. Das Einkneten von etwas Glitzer ist ebenfalls möglich.

Hinweise

Manchmal sind Kinder-Duschgels oder Schaumbäder intensiv bunt gefärbt und diese Eigenfärbung reicht aus, um den Flubber einzufärben.

Leider trocknet die Fließknete beim ausgiebigen Kneten schnell aus und wird bröselig. In dem Fall die Hände etwas anfeuchten und weiterkneten, die Fließknete nimmt die Feuchtigkeit auf und fühlt sich wieder gut an. Ganz praktisch: Die Hände werden beim Waschen gleich sauber!

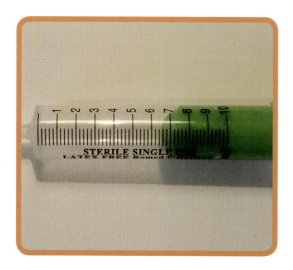

Was steckt dahinter?

Stärke bindet das Wasser in Flüssigseife, dadurch wird es zu Knete. Stoffe, die Wasser binden können und andere dadurch dickflüssiger machen, nennt man Verdickungsmittel.

Deine Seifenmasse verhält sich komisch, gar nicht wie Knete, obwohl sie so aussieht und sich so anfühlt?
Das liegt an der Speisestärke. Speisestärke kann das Wasser in der Flüssigseife binden. Jetzt fragst du dich, wieso Wasser? Ich habe doch Flüssigseife oder Duschgel verwendet. Das ist richtig, aber diese Dinge bestehen zu einem großen Teil aus Wasser. Gibst du nun die Stärke dazu, so bindet sie das Wasser darin und das Ganze wird dickflüssiger und knetbar.

Stoffe, die Wasser binden können, werden häufig in der Lebensmittelindustrie eingesetzt. Sie heißen Verdickungsmittel, weil sie Stoffe, in die sie eingerührt werden, dickflüssiger machen. Du findest sie z. B. in Speiseeis, es wird dadurch cremiger.

Hast du schon den Versuch "Drück mich fest - lass mich fließen" gemacht?
Da kannst du genau untersuchen, was passiert, wenn du Speisestärke mit Wasser mischst.

s. „Drück mich fest – lass mich fließen" (S. 70)

 Anknüpfende Kreativ-Idee

- **Malseife:** Die mit Lebensmittelfarbe eingefärbte Seifenknete können die Kinder mit in die Badewanne oder Dusche nehmen. Im Wasser löst sie sich auf und die Farbe bleibt auf den Fliesen oder der Badewanne zurück. Es können bunte Bilder in der Badewanne oder Dusche gestaltet werden. Natürlich kann man auch sich selber in ein Kunstwerk verwandeln. Zum Dosieren kann der Flubber in eine Einweg-Spritze gefüllt werden. Vielleicht klappt es auch mit einer Shampoo-Flasche? Einfach ausprobieren, keine Angst: Die Farbe bleibt weder auf euch noch im Badezimmer lange haften.
- **Seifen-Knete-Plätzchen:** Möchten die Kinder Seifenplätzchen herstellen, müssen sie mindestens 1 1/2 TL Öl verwenden. Der Flubber lässt sich wie Plätzchenteig kneten und ausstechen, ist aber etwas weicher. Die fertigen Plätzchen können wie normale Seife verwendet werden. Sie sind allerdings nicht allzu lange stabil, liegen sie länger unbenutzt an der Luft, werden sie trocken und bröselig.

Knet-Sand – gerne auch farbig

Alter: ab 4 Jahren

Material: 1 Esslöffel, 1 Teelöffel
pro Kind: 1 Schüssel, 1 Teelöffel, 4 EL Sand, 2 TL Flüssigseife, 1–2 TL (Baby-)Öl, 1 gehäufter EL Speisestärke

Dauer: 10–15 min

Die Fachkraft verteilt an jedes Kind eine Schüssel und einen Teelöffel. Sie gibt in jede Schüssel 4 EL Sand, 2 TL Flüssigseife sowie 1–2 TL Öl.

Die Kinder rühren die Zutaten mit dem Teelöffel zusammen. Sie beginnen mit den Händen zu kneten und den Sand etwas zu formen. Sie achten darauf, wie sich die Masse anfühlt. Die Fachkraft gibt in jede Schüssel 1 gehäuften EL Speisestärke.

Die Kinder kneten diese unter und fühlen, ob sich die Beschaffenheit der Masse verändert. Ist die Masse zu trocken, gibt die Fachkraft noch etwas Flüssigseife zu. Die fertige Konsistenz des Sandes hängt von seinem Verwendungszweck ab. Als Knetersatz ist er dann fertig, wenn die Kinder ihn wie Knete formen können, er aber auseinanderfließt, wenn er auf der Hand liegt oder ganz langsam nach unten, wenn die Kinder ihn in die Luft halten.

Soll der Sand als gut formbarer Sandersatz dienen, muss er etwas bröseliger sein. Der Sand kann in einer luftdichten Dose aufbewahrt werden. Darin bleibt er lange knet- und formbar.

Was steckt dahinter?

Bei feuchtem Sand befindet sich Wasser in den Hohlräumen zwischen den Sandkörnchen. Das Wasser wirkt wie Kleber und es lassen sich Kuchen damit "backen". Bei Knet-Sand ist statt Wasser ein Gemisch aus Flüssigseife und Öl als Kleber zwischen den Sandkörnchen. Durch die Speisestärke fühlt sich das Sandgemisch weicher an und wird besser formbar.

Du kannst mit Sand Kuchen „backen" und Burgen bauen. Das klappt aber nur, wenn der Sand feucht ist, ganz trockener Sand rieselt auseinander. Das liegt daran, dass des Wassers im Zwischenraum zwischen den Sandkörnern wie ein Kleber wirkt. Nimmst du zu viel Wasser, schwimmt dir dein Kuchen weg. Leider sind Sandkunstwerke nicht von Dauer, der Sand trocknet aus, das Wasser geht in die Luft und dann rieseln sie wieder auseinander.

Du kannst einen ganz besonderen (kinetischen) Sand kaufen. Damit lassen sich sehr gut Figuren formen, die ganz langsam auseinanderfließen. Wie kann das funktionieren? Dieser Sand wird chemisch verändert. So wie du in der Sandkiste Wasser zugibst, damit deine Sandkörner aneinander kleben, werden die Sandkörner mit einer Chemikalie überzogen, die dafür sorgt, dass die Sandkörner aneinanderkleben und gleichzeitig Wasser abweisen.

Wenn du einen Sand mit ähnlichen Eigenschaften haben möchtest, musst du also einen anderen Kleber als Wasser zwischen den Sandkörnchen verwenden, der am besten auch nicht so schnell verdunstet. Dazu eignet sich ein Gemisch aus Öl und Flüssigseife. Dadurch kleben die Sandkörnchen etwas aneinander. Öl verdunstet praktisch nicht, aber das Wasser aus der Flüssigseife. Deshalb musst du deinen Knet-Sand in eine Dose mit Deckel luftdicht einpacken.

Was ist passiert, als du zu dem Sand-Seife-Öl-Gemisch Speisestärke gegeben hast?
Die Masse ließ sich besser formen und hat sich weicher angefühlt.

 Anknüpfende Kreativ-Idee

Selbstverständlich kann der Knet-Sand auch mit gefärbtem Sand hergestellt werden. Dazu aber bitte nur Sand verwenden, der mit Lebensmittelfarben gefärbt wurde!

Poren – nur scheinbar nichts oder die Macht der eng umhüllten Luft

Malermeister Salz

Warum verteilt sich Wasser in einem Haufen aus grobem Salz anders als in einem Haufen aus feinem Salz?

Kleistersandstein

Kann Stein auch aus vielen einzelnen Steinchen bestehen?

Bunte (Mond-)Landschaft

Wie kommt ein Foto aufs Papier?
Was ist ein Schwamm?

(Duft-)Papier schöpfen

Wie kommen die Kanäle ins Papier?

Papier hat auch Durst

Wieso kann ein Wasserläufer über Wasser laufen?
Wie kommt die Farbe aufs Papier?

Die durstige Windel

Wie ist eine Windel aufgebaut?
Wie viel Wasser kann eine Windel aufnehmen?

Der Alien aus der Windel

Was passiert in einer Windel?

Bunter Glibber

Warum bekommen Babys in der Windel nach Benutzung keinen feuchten Hintern?

Tornado im Schneegestöber

Was ist ein Tornado?
Bekommen wir das Wasser aus dem Superabsorber auch wieder heraus?

Schrumpfende Glibber-Knete

Gibt der Superabsorber das Wasser auch wieder her? Wird er danach wieder durstig?

Das selbst scherende Schaf

Wer ist durstiger, die Watte oder der Superabsorber?

Malermeister Salz

Alter: ab 3 Jahren

Material: Gläser/kleine Gefäße, Lebensmittelfarbe, Deckfarbe oder wasserlösliche Flüssigfarbe, kleine Schalen; evtl. Flüssigkleber, Plätzchenausstecher
pro Kind: 1 wasserfeste Unterlage, 1 Blatt Papier, 1 Teelöffel, mind. 1–2 EL feines Salz, mind. 1–2 EL grobes Salz, 1 Pipette

Vorbereitung: Herstellen des farbigen Wassers (die Breite eines Kinderdaumens hoch Wasser in kleine Gläser geben und mit der gewünschten Farbe färben), Abfüllen des Salzes

Dauer: ca. 10–15 min

Die Fachkraft verteilt die Gefäße mit farbigem Wasser sowie die Schüsseln mit grobem und feinem Salz auf dem Tisch und gibt den Kindern die wasserfeste Unterlage.

Die Kinder legen ein Blatt Papier auf die Unterlage, geben etwa einen halben TL grobes Salz und daneben einen halben TL feines Salz auf das Papier. Sie nehmen mit der Pipette eine beliebige Farbe auf und tropfen jeweils fünf Tropfen auf das grobe und feine Salz. Wichtig ist hier die tropfenweise Zugabe. Die Kinder beobachten, was passiert.

Anschließend können die Kinder grobes und feines Salz auf dem Papier mit dem Löffel verteilen, wie es ihnen gefällt.

Die Kinder nehmen mit der Pipette Farbwasser auf und tropfen es auf die Salzberge. Sie verwenden unterschiedliche Farben, damit das Bild bunt wird. Das wiederholen sie so oft, bis alles bunt und gesalzen ist, was farbig sein soll. Die Kinder können eine gesalzene Stelle auch noch einmal salzen und eine andere Farbe darauf geben. Ist den Kindern das Bild zu nass geworden, geben sie auf die nasse Stelle so viel Salz, bis sie wieder trocken ist.

Die Kinder legen das fertige Kunstwerk zum Trocknen. Nach dem Trocknen streifen sie das Salz ab. Manchmal bleibt etwas Salz am Papier haften. Dann glitzert das Bild.

💡 Was steckt dahinter?

Beim Anhäufen von Salzkörnen entstehen Zwischenräume. Bei grobem Salz sind die Zwischenräume größer als bei feinem Salz. Die Flüssigkeit verteilt sich deshalb schneller.

Als du die Farblösung auf das Salz getropft hast, hat sich der Salzberg nach und nach verfärbt. Warum?
Salz besteht aus vielen kleinen Körnern. Wenn du diese aufeinander legst, entstehen zwischen den einzelnen Salzkörnern Zwischenräume. Gibst du nun das bunte Wasser auf das Salz, dann fließt es in die Zwischenräume zwischen die Salzkörner. Hast du auch bemerkt, dass sich das bunte Wasser in dem Berg aus grobem Salz sehr viel schneller verteilen konnte als in dem Berg aus feinem Salz? Bei den großen Salzkörnen entstehen wenige große Zwischenräume und bei den kleinen viele kleine. Wenn du z.B. einen Haufen aus großen Steinen machst, entstehen Zwischenräume, in die vielleicht deine Finger reinpassen, in einen Haufen kleiner Steine huscht allenfalls ein Insekt. Die Zwischenräume beim groben Salz sind wie bei den Steinen größer, sodass sich das Wasser hier schneller verteilen kann.

🎨 Anknüpfende Kreativ-Idee

- **Farben stapeln:** Normalerweise verlaufen Deckfarben, wenn man sie ineinander malt, und am Ende ist alles bräunlich. Ein Salzhäufchen auf Papier, das mit Deckfarbe beträufelt wird, hält diese jedoch fest. Nach kurzer Zeit kann wieder Salz darüber gestreut und dieses mit einer neuen Farbe eingefärbt werden. Das kann mit unterschiedlichen Farben beliebig fortgesetzt werden. Überschüssiges Salz am Ende entfernen.
- **Bunte Salzplätzchen:** Einen Plätzchenausstecher auf ein Blatt Papier legen und mit Salz füllen. Mit der Pipette das bunte Wasser vorsichtig in den Plätzchenausstecher tropfen. Nicht zu viel Flüssigkeit hineintropfen, sonst löst sich das Salz auf und die Figur zerfließt. Zur Gestaltung bunter Figuren wie unter „Farben stapeln" vorgehen. Unterschiedliche Salzkörnungen ergeben verschiedene Strukturen.
- **Salzstraßen:** Einen Strich Flüssigkleber auf einem Blatt Papier verteilen und grobes und feines Salz darüberstreuen. Das Salz auf dem Kleber antrocknen lassen, dann mit der Pipette vorsichtig Farbe auf die Salz-Straßen tropfen. Die Farbe breitet sich sehr schnell aus.

Kleistersandstein

Alter: ab 4 Jahren

Material: 1 Esslöffel; evtl. Lebensmittelfarbe, Sandkastenformen, Plätzchenausstecher
pro Kind: 1 Schüssel, 1 Löffel, 2 EL (Tapeten- oder Stärke-)Kleister, 5–6 EL (Vogel-)Sand; evtl. 1 Kerze, 1 Schale, 1 gegen Wasser unempfindlicher Schatz wie Stein oder Muschel

Dauer: 10–15 min

Die Fachkraft verteilt die Schüsseln und Löffel an die Kinder. Sie gibt in jede Schüssel 2 EL Kleister und mind. 5 EL Vogelsand.

Die Kinder rühren das Kleister-Sand-Gemisch mit einem Löffel um. Die Masse soll sich feucht, aber nicht nass anfühlen.

Die Fachkraft gibt, falls gewünscht, etwas Lebensmittelfarbe zum Einfärben der Sandknete zu. Fühlt sich die Sandknete nass an, gibt die Fachkraft noch etwas Sand dazu.

Die Kinder kneten die Masse so lange, bis sie nicht mehr an den Händen klebt. Die Sandknete ist fertig zum Gebrauch.

Sie können die Sandknete wie Knete verwenden und daraus freihändig, mit Sandkastenformen oder Ausstechern Figuren formen und vieles mehr.

Die geformten Figuren lassen sie an der Luft trocknen, dadurch werden sie hart wie Stein, sind jedoch nicht wasserstabil, d. h. sie lösen sich im Regen auf.

💡 Was steckt dahinter?

Sandstein kommt in der Natur vor. Statt Kleister befinden sich bei Sandstein Mineralien zwischen den Sandkörnchen und kleben diese zusammen.

Was ist nach dem Trocknen mit deinem Sand-Kleister-Gemisch passiert?
Es war hart wie Stein. Der Kleister ist in die Zwischenräume zwischen die einzelnen Sandkörnchen geflossen und hat sie zusammengeklebt. Dadurch ist dein Kleistersandstein entstanden. Da der Kleister wasserlöslich ist, löst sich dein Stein wieder auf, wenn er mit Wasser in Berührung kommt.

Sandstein kommt auch in der Natur vor. Bei diesem Sandstein verkleben die einzelnen Sandkörner natürlich nicht durch Kleister, sondern durch andere Mineralien miteinander. Sandstein ist ein wichtiges Baumaterial, viele öffentliche Gebäude und Kirchen werden aus Sandstein gebaut.

🎨 Anknüpfende Kreativ-Idee

- **Kerzenständer:** In das fertige, noch feuchte Sandplätzchen kann mit dem unteren Ende einer Kerze ein Loch gebohrt werden. Nach dem Trocknen kann es dann als Ständer für diese Kerze verwendet werden.
- **Ausgrabung aus Kleistersandstein:** Mit dem Kleistersandstein können kleine Geschenke wie Muscheln, Steine, Figuren oder auch Geld verpackt oder eine kleine Ausgrabungsstätte selbst hergestellt werden. Dazu Kleistersandstein anrühren und den kleinen Schatz darin verstecken. Der Schatz muss jedoch unempfindlich gegen Nässe sein! Das Ganze in eine Schale füllen und hart werden lassen. Nach dem Trocknen den Kleistersandstein-Schatz-Klumpen aus der Schale herausklopfen und fertig ist das Geschenk! Um an das Geschenk zu kommen, wird der Sand vorsichtig mit einem Löffel abgeschürft.

Bunte (Mond-)Landschaft

Alter: ab 6 Jahren

Material: 1 Esslöffel; evtl. kleine Figuren oder Fahnen, Wasser, wasserlösliche Flüssigfarbe oder Lebensmittelfarbe
pro Kind: 1 Teelöffel, 1 Schüssel, 2 EL Vogelsand, 1 EL Tapetenkleister, Papier, Tonpapier oder 1 unbeschichteter Pappteller, 1 flache Schale (der Schwamm sollte gut einzutunken sein), 1 Schwamm; evtl. kleine Muscheln, Steine oder Blätter

Vorbereitung: Herstellen des bunten Wassers (Wasser in Schalen geben und mit Lebensmittelfarben oder wasserlöslichen Flüssigfarben einfärben)

Dauer: 10–15 min (Herstellen der [Mond-]Landschaft), ca. 10–15 min (Einfärben der [Mond-]Landschaft)

Dies ist ein zweiteiliges Experiment.

1. Herstellen der (Mond-)Landschaft

Die Fachkraft gibt jedem Kind einen Teelöffel und eine Schüssel. In die Schüssel gibt sie ca. 2 EL Vogelsand und 1 EL Tapetenkleister. Die Kinder rühren mit dem Teelöffel den Sand unter den Kleister. Die Fachkraft verteilt das Papier oder den Pappteller an die Kinder. Die Kinder schmieren das Sand-Kleister-Gemisch darauf. Sie können kleine Figuren oder Fahnen in den Sand stecken. Sie legen ihr Sand-Bild zum Trocknen.

2. Einfärben der (Mond-)Landschaft

Die Fachkraft verteilt die Schalen mit buntem Wasser auf dem Tisch. Die Kinder sollten Zugang zu mindestens zwei Farben haben. Die Fachkraft bespricht eventuell vorher die Sitzordnung mit den Kindern. Die Kinder holen ihr getrocknetes Sand-Bild, legen es vor sich hin, nehmen den Schwamm und tauchen ihn in die wässrige Farblösung. Sie beobachten, was mit dem Schwamm passiert. Sie drücken den Schwamm auf den Sand auf dem Papier und beobachten, was mit der Farbe aus dem Schwamm passiert. Sie bestempeln ihre Sandlandschaft bunt und legen das Bild anschließend zum Trocknen.

Hinweis

Auftragen der Kleister-Sand-Mischung ist eine klebrige Angelegenheit. Zum Auftragen der Farbe empfiehlt sich pro Farbe einen Schwamm zu nehmen und diesen bei der Farbe zu belassen. Die buntesten Mondlandschaften wurden mit Lebensmittelfarben erzeugt.

💡 Was steckt dahinter?

Ein Schwamm besitzt Poren, um Wasser aufzusaugen. Auch bei aufgeklebtem Sand entstehen zwischen den einzelnen Körnern Hohlräume, wenn das Wasser aus dem Kleister verdunstet ist. Diese nehmen Farbe auf und halten sie fest.

Was ist passiert, als du deinen Schwamm in die Farbe getunkt hast?
Er hat das farbige Wasser aufgesaugt. Hast du dir deinen Schwamm schon einmal genau angesehen? Du kannst viele ganz kleine Löcher sehen. Diese Löcher füllen sich mit Wasser oder bei dir mit Farblösung. Wenn du auf den Schwamm drückst, kommt die Flüssigkeit wieder heraus. Als du mit dem nassen Schwamm auf dein Sandpapier gedrückt hast, war die Flüssigkeit ganz schnell verschwunden. Das liegt daran, dass es zwischen den einzelnen Sandkörnchen Zwischenräume gibt. Diese füllen sich mit Flüssigkeit und für dich sieht es aus, als ob der Sand das Wasser aufsaugt. Auf dem Papier haben sich dagegen farbige Pfützen gebildet.

Heutzutage nutzt man genau diesen Effekt, um Fotos auf Papier zu bringen. Die Papiere werden nicht mit Sand, sondern mit einem anderen körnigen Feststoff beschichtet. Das ist ziemlich schwierig. Diese Körnchen sind allerdings so winzig, dass du sie nicht mit dem bloßen Auge erkennen kannst. Sie sind in der glänzenden Schicht auf dem Fotopapier, das man in den Drucker legt. Die Farbe wird im Drucker darauf gespritzt und verteilt sich in Hohlräumen zwischen den einzelnen Körnern. So entsteht ein Foto.

🎨 Anknüpfende Kreativ-Idee

Es kann ein Bild mit oder ohne Passepartout gefertigt werden. Der Deckel einer Schatzkiste oder die Wand eines Schuhkartons als Spielhaus kann damit verziert werden.

- **Spielfläche:** Entweder gezielt eine bunte (Mond-)Landschaft, eine Wiese etc. herstellen oder evtl. die Frage stellen: „Was könnte das sein?", um die Fantasie der Kinder anzuregen.
- **Variante:** Die Kinder geben das Sand-Kleister-Gemisch auf einen unbeschichteten Pappteller und drücken z. B. kleine Muscheln, Steine oder Blätter hinein. Sie legen den Teller zum Trocknen. Nach dem Trocknen färben sie ihn mittels Stempel-Technik ein.

(Duft-)Papier schöpfen

Alter: ab 4–5 Jahren

Material: 1 große Schüssel oder Wanne zum Schöpfen, Handtücher (eines für mehrere Kinder) pro Kind: 8–10 Blatt Toilettenpapier, 1 kleiner Eimer oder Schüssel (ca. 1 l), 1/4 l warmes Wasser, 1 Gabel, 1 Sandsieb mit geschlossenem Rand oder 1 Schöpfrahmen; evtl. Blüten, Tannenzweige, Duftpotpourri

Dauer: 5–10 min (Auflösen des Papiers), ca. 5 min pro Kind (Schöpfen)

Das Schöpfen des Papiers ist etwas aufwendig und den Vorgang kann immer nur ein Kind zur selben Zeit ausführen.

Die Kinder reißen das Toilettenpapier in kleine Stücke und geben es in den Eimer. Die Fachkraft gibt warmes Wasser zu. Das Toilettenpapier soll im Wasser schwimmen. Die Kinder nehmen die Gabel und rühren damit das Papier im Eimer um. Es sollen Papierflusen im Eimer schwimmen. Sie lassen den Eimer mind. 5 min stehen.

Die Fachkraft gibt kaltes Wasser in eine große Schüssel oder Wanne. Das Kind gibt den Inhalt des Eimers hinzu. Das Kind kann Blüten oder kleine Tannenzweige ins Wasser geben. Es nimmt ein Sandsieb und fängt damit die Papierflusen und Blüten ein. Das wiederholt es ein paarmal, bis sich eine Schicht Papiermatsch im Sieb befindet. Das Kind drückt den Inhalt des Siebes über der Wanne/Schüssel aus, nimmt ein Handtuch, legt das Sandsieb darauf und drückt mit dem Handtuch noch einmal gegen den Papiermatsch. Das Kind legt das Sandsieb zum Trocknen. Nach dem Trocknen kann es das Papier aus dem Sieb entnehmen.

Hinweis

Je mehr aufgelöste Papierflusen sich in der großen Schüssel bzw. Wanne befinden, desto einfacher ist das Schöpfen.

💡 Was steckt dahinter?

Das Toilettenpapier löst sich im warmen Wasser in einzelne Papierflusen auf. Werden sie mit einem Sieb eingefangen, dann lagern sich die Flusen wieder zu einem Papier zusammen. Durch die zwischen den Flusen eingeschlossene Luft entstehen kleine Kanäle.

Wie sah dein Toilettenpapier aus, nachdem du es im warmen Wasser eingeweicht hattest?
Es bestand aus kleinen Papierflusen, die du mit deinem Sieb einfangen konntest. Nachdem du deinen Siebinhalt getrocknet hattest, kam Papier heraus.

Wie hat es sich angefühlt, als du das nasse Papier im Sieb ausgedrückt hast?
Es fühlte sich weich an und ließ sich gut zusammendrücken. Das liegt daran, dass sich zwischen den einzelnen Flusen noch Luft befindet. Dadurch entstehen zwischen den einzelnen Flusen diese kleinen Kanäle, die Wasser aufnehmen können. Soll ein Papier saugfähig sein, nimmt man Küchenpapier. Da sind die Kanäle etwas größer, damit mehr Flüssigkeit hineinpasst. Papier besteht aus ganz vielen einzelnen Fasern. Diese Fasern kommen aus Bäumen oder Pflanzen. Du hast selbst Papier aus anderem Papier hergestellt. Nimmt man dazu alte Zeitungen, dann heißt das Papier Recycling-Papier.

s. „Malermeister Salz" S. 80

🎨 Anknüpfende Kreativ-Idee

Durch die Zugabe von Blättern, Tannenzweigen oder Blüten entsteht ein dekoratives Stück Papier, das zur Verzierung auf Schachteln, Hefte oder Bucheinbände geklebt werden kann. Wird Duft-Potpourri verwendet, duftet das Papier.

Papier hat auch Durst

Alter: ab 4 Jahren

Material: 1–2 Gläser pro Farbe für gefärbtes Wasser (2 Kinder pro Glas), Lebensmittelfarbe, Wasser; evtl. Schalen für Salz (2–3 Kinder pro Schale) pro Kind: weißes Papier, 1 Stift, 1 Schere, 1 Pipette, 1 Untertasse, 1 Teller oder Schale, wenig Milch (ca. 20–30 ml, muss den Boden bedecken), Unterlage für die Papierfigur; evtl. 1 TL feines und 1 TL grobes Salz

Vorbereitung: Herstellen des farbigen Wassers (die Breite eines Kinderdaumens hoch Wasser in kleine Gläser geben und jeweils mit Lebensmittel- oder Deckfarbe unterschiedlich färben; je nach Gruppengröße das farbige Wasser einmal ansetzen und auf mehrere Gläser verteilen; die Kinder benötigen nur sehr wenig davon), evtl. Abfüllen des Salzes, evtl. Aufzeichnen ggf. Ausschneiden von Schmetterling, Fisch oder Kreis auf Papier

Dauer: 5–10 min (Bastelarbeit, ggf. am Vortag), 10 min (Milchbilder)

Die Kinder (oder die Fachkraft) malen einen Schmetterling, Fisch oder Kreis auf ein weißes Blatt Papier, schneiden ihre Figur aus und falten dem Schmetterling die Flügel, dem Fisch die Schwanzflosse nach oben oder aus dem Kreis eine Wunderblume (s. Anknüpfende Kreativ-Idee S. 89). Sie legen diese beiseite.

Die Fachkraft verteilt an jedes Kind eine Pipette und eine Untertasse, Schale oder einen Teller und befüllt diese mit Milch. Der Boden sollte bedeckt sein.

Die Kinder tropfen mit der Pipette jeweils 1–2 Tropfen unterschiedlich gefärbtes Wasser auf die Milchoberfläche. Es entsteht ein buntes Muster. Die Kinder legen ihre gebastelte und eingeklappte Figur auf die bunte Milchoberfläche und beobachten, was passiert.

Optional: Die Fachkraft verteilt Schälchen mit grobem und feinem Salz auf dem Tisch. Die Kinder holen ihre Papierfigur aus dem Milchbad, bestreuen sie mit Salz und legen sie auf die Unterlage zum Trocknen. Nach dem Trocknen streifen sie das Salz ab.

💡 Was steckt dahinter?

Milch besteht überwiegend aus Wasser. Wasser hat eine Haut, auf der Wasserläufer über Wasser laufen oder Papierfiguren schwimmen können. Papier hat Kanäle, in die die bunte Milch klettern kann. Das Wasser geht in die Luft, die Farbe bleibt zurück.

Was ist eigentlich Milch?
Wenn wir von Milch sprechen, meinen wir die Milch von Kühen. Milch besteht zu einem großen Teil aus Wasser, aber nicht nur, denn ansonsten könnte man daraus keinen Joghurt, Käse oder Quark machen. Neben Wasser enthält sie noch Fett, Mineralstoffe, Milchzucker usw. Wasser und Fett mischen sich eigentlich nicht. Bei der Milch ist das Fett jedoch in ganz kleinen Tropfen verteilt. Das ist auch der Grund, warum uns Milch weiß erscheint, obwohl sie überwiegend aus Wasser besteht.

Was ist passiert, als du deine Papierfigur auf die Milch gelegt hast?
Sie ist zuerst auf der Milch geschwommen. Wieso denn? Milch besteht überwiegend aus Wasser und Wasser ist ein ganz besonderer Stoff. Die Wasserteilchen halten einander ganz fest. Die Wasserteilchen, die sich an der Oberfläche befinden, können sich an der Luft nicht festhalten. Daher haben sie dort mehr Kraft, um einander festzuhalten. So entsteht an der Grenzfläche zur Luft eine Art Haut. Diese Haut nennt man auch Oberflächenspannung, weil sie so stabil ist, dass z. B. Wasserläufer übers Wasser laufen können.

Als du dein Papier auf die Milch gelegt hast, hat es sich vollgesaugt. Im Papier befinden sich kleine Kanäle. Dort hinein „klettert" die Milch: Das Papier „saugt sich voll". Dadurch wird es schwerer und der Schmetterling öffnet die Flügel, der Fisch senkt den Schwanz oder die Blume erblüht. Beim Trocknen geht das Wasser in die Luft und verdunstet. Die Farbe bleibt zurück und deine Figur ist bunt.

s. „Reise durch zwei Flüssigkeiten" S. 38

s. „(Duft-)Papier schöpfen" S. 86

s. „Salziger Tonkarton" S. 20

🎨 Anknüpfende Kreativ-Idee

Wunderblume: Die Kinder oder die Fachkraft zeichnen mithilfe einer Tasse oder mit einem anderen Gefäß einen Kreis auf das Papier und schneiden ihn aus. Die Kinder falten den Kreis dreimal. Erst einmal zur Hälfte, diese dann wieder zur Hälfte und dann noch einmal zur Hälfte. Sie zeichnen auf die Oberseite des Achtelkreises ein Blütenblatt, dieses schneiden sie aus, falten die Blume wieder auseinander und knicken alle Blütenblätter zur Mitte hin.

Die durstige Windel

Alter: ab 3 Jahren (1. Teil), ab 5 Jahren (Zerlegen der Windel)

Material: ca. 500 ml Wasser; evtl. gelbe Lebensmittelfarbe, 1 Windel, 1 Krug für das gelbe Wasser, 1 kleines Glas pro Kind: 1 Windel

Vorbereitung: Herstellen des gelben Wassers (ca. 500 ml Wasser in einen Krug füllen und gelb einfärben)

Dauer: 10 – 15 min

Hierbei handelt es sich um einen vorbereitenden Versuch. Die Windel wird zunächst zerlegt und dann werden mit den verschiedenen Einzelteilen weitere Experimente durchgeführt.

Die Fachkraft legt eine aufgeklappte Windel mit der Innenseite nach oben vor sich hin und stellt den Krug mit dem gelben Wasser auf den Tisch.

Sie befüllt ein kleines Glas etwa zu einem Viertel mit gelbem Wasser. Dieses Glas übergibt sie dem ersten Kind. Das Kind schüttet das gelbe Wasser in die Windel und gibt das Glas weiter. Das Ganze wird so oft wiederholt, bis alle Kinder etwas Wasser in die Windel gegeben haben.

Die Kinder drücken immer wieder auf die Windel und überprüfen, ob sie sich trocken anfühlt. Sie heben sie hoch, um zu spüren, wie schwer sie geworden ist.

Für Kinder ab 5 Jahren

Die Fachkraft verteilt an jedes Kind eine Windel. Diese legen sie mit der Außenseite nach oben auf den Tisch. Sie erkennen die Außenseite an den bunten Bildern auf der Windel. Sie nehmen die Windel so in die Hand, dass sie von oben auf den Klebestreifen sehen können. Neben dem Klebestreifen sehen sie drei einzelne dünne Folienstreifen. Die Kinder ziehen den äußersten Folienstreifen ab.

Sie befühlen diesen Folienstreifen mit den Fingern. Er ist etwas elastisch und fühlt sich weich und angenehm an, fast wie Stoff. Dieser Folienstreifen sorgt dafür, dass sich die Windel von außen gut anfühlt.

Die nächste äußere Schicht ist eine bunt bedruckte Folie, die jetzt sichtbar ist. Die Kinder fahren mit der Hand über die buntbedruckte Folie und prüfen, wie sie sich anfühlt. Dieser Folienstreifen erinnert etwas an die dünnen Plastiktüten, die es an der Obsttheke im Supermarkt gibt.

Die Kinder legen die Windel mit der bunten Seite auf den Tisch, breiten sie aus und ziehen das innere Vlies ab. Den Anfang dazu finden sie wieder am Klebestreifen. Sie fassen das Vlies an, es ist ganz weich. Darauf liegt das Baby.

Die Kinder sind am Innenleben der Windel angelangt. Sie untersuchen es genau. Sie nehmen das reine Watte-Vlies heraus und legen es beiseite. Das benötigen sie nicht. Darunter befindet sich meist ein Gemisch aus reinen Kügelchen und Watte-Kügelchen. Das kann je nach Windelmarke und Charge unterschiedlich sein.

Die Kinder suchen nach den reinen Kügelchen ohne Watteanteil. Diese sind manchmal sehr schwer zu erkennen. Dazu müssen sie die Windel ausschütteln, die Kügelchen fallen dabei heraus. Sie nehmen sie zwischen zwei Finger und erkunden, wie sie sich anfühlen.

Die durstige Windel

💡 Was steckt dahinter?

Im Inneren einer Windel befinden sich Watte und kleine Kügelchen. Diese sind sehr durstig und können super viel Flüssigkeit aufnehmen, deshalb heißen diese Kügelchen auch Superabsorber.

Warst du überrascht, wie viel Wasser eine so kleine Windel wegschlürfen kann?
Im Innenleben der Windel befanden sich lauter kleine, weiße Kügelchen und etwas Watte. Diese kleinen Kügelchen sorgen dafür, dass die Windel so durstig ist. Sie können sehr viel Wasser aufnehmen, dabei werden sie immer größer (s. „Bunter Glibber" S. 94). Diese Kügelchen nennt man auch Superabsorber, weil sie super durstig sind und ganz viel Flüssigkeit aufsaugen können.

Hinweise

Windeln, die nicht gebraucht wurden, sollten luftdicht verpackt werden, wenn noch weitere Versuche mit den reinen Kügelchen durchgeführt werden sollen. Die Superabsorberkügelchen ziehen Wasser aus der Luft an und verklumpen, wenn die Packung sehr lange geöffnet an der Luft steht. Sie lassen sich dann nicht mehr so gut verwenden. Deshalb sollten für die Versuche mit den Superabsorberkügelchen Windeln aus einer frisch geöffneten Packung verwendet werden. Eine Verwendung des Superabsorber-Watte-Gemisches ist dagegen weiterhin problemlos möglich, auch wenn der Superabsorber etwas verklumpt ist.

Der Alien aus der Windel

Alter: ab 4–5 Jahren

Material: 1 Schere,
1 wasserfester Stift,
Wolle
pro Kind: 1 Windel
Größe 4–5, 1 Gummi-
handschuh, 1 Glas,
1–2 Gläser Wasser,
1 Loom-Band oder
Haushaltsgummi

Vorbereitung:
Aufschneiden der
Windeln mit einer
Schere

Dauer: 15 min

Die Fachkraft verteilt die geöffneten Windeln und die Gummihandschuhe an die Kinder. Sie holen (ggf. mithilfe der Fachkraft) das Watte-Kügelchen-Gemisch heraus. Die Kinder geben etwa 2 EL Watte-Kügelchen-Gemisch in den Handschuh.

Zwei Kinder arbeiten zusammen. Ein Kind hält den Handschuh auf, das andere gibt etwa ein halbes Glas Wasser hinein und knetet kurz den Handschuh. Sie legen den Handschuh beiseite und wiederholen den Ablauf mit dem Handschuh des zweiten Kindes.

Die Kinder geben die Menge von etwa 2 EL Watte-Kügelchen-Gemisch und ein halbes Glas Wasser in den Handschuh. Sie kneten den Handschuh, bis sich eine glibberige Masse bildet. Sie geben eventuell noch ein halbes Glas Wasser hinzu. Wenn der Handschuh gut gefüllt ist und sich knautschig anfühlt, verschließt die Fachkraft den Handschuh, indem sie einen Knoten macht oder ein Loom-Band bzw. Haushaltsgummi um den Handschuhschaft wickelt.

Die Kinder malen auf ihrem Handschuh mit wasserfesten Stiften ein Gesicht. Sie schneiden, je nach gewünschter Haarlänge, Wollfäden zu und knoten diese am Verschluss des Knautschis fest. Dadurch entsteht eine Haarpracht. Für eine Kurzhaarfrisur können die „Haare" anschließend noch nachfrisiert werden.

Der Knautschi ist fertig.

Hinweis

Es ist wichtig, dass die Kinder das Watte-Superabsorber-Gemisch aus der Windel verwenden und nicht nur das Wattevlies, weil ansonsten nichts quillt und nur eine Wasserbombe entsteht.

Die Kinder sollten nicht zu viel Wasser in den Handschuh geben, sonst wird der Handschuh zu prall und lässt sich schlecht verschließen.

Was steckt dahinter?

Das Superabsorber-Watte-Gemisch saugt Wasser (oder den Urin des Babys) schnell auf und verwandelt sich dadurch in Glibber.

Was ist passiert, als du das Wasser in deinen Handschuh gegeben hast?
Es war weg, das Watte-Kügelchen-Gemisch wurde glibberig und du konntest den Handschuh sogar auf den Tisch legen, ohne dass etwas ausläuft. Genau das passiert in der Windel, wenn das Baby Pipi macht. Die Flüssigkeit wird ganz schnell aufgesaugt, damit nichts ausläuft und das Baby auch keinen feuchten Po bekommt. Der Superabsorber benötigt etwas Zeit, um zu quellen. Deshalb ist in der Windel neben den Superabsorber-Kügelchen auch noch Watte. Die Watte saugt die Flüssigkeit sehr schnell auf, so läuft erst einmal nichts aus und dann kann der Superabsorber seine Arbeit verrichten.

Warum braucht es dann überhaupt einen Superabsorber?
Ein Unterschied zwischen der Watte und dem Superabsorber ist, dass die Watte, wenn du auf sie drückst, wieder Flüssigkeit abgibt, der Superabsorber nicht. Außerdem können die Superabsorber-Kügelchen sehr viel mehr Wasser aufnehmen als die Watte.

s. „Bunter Glibber" S. 94

s. „Das selbst scherende Schaf" S. 100

Bunter Glibber

Alter: ab 4–5 Jahren

Material: 1 Schere, Unterlagen für den Tisch, Lebensmittelfarbe, Stärkekleister (s. S. 68) oder Tapetenkleister, Gefäße für den Kleister (die Kinder teilen); evtl. Stanzer, Tonpapier für Passepartouts oder Bilderrahmen
pro Kind: 1 großes Glas, 1 Glas, 1 Esslöffel, 1 Windel Größe 4–5, 1–2 Gläser voll buntem Wasser, 1 wasserfeste Unterlage für das Papier, 1 Blatt Papier, 1 Pinsel

Vorbereitung: Aufschneiden der Windeln mit einer Schere, Abfüllen des Kleisters in Gefäße

Dauer: 10–15 min

Jedes Kind stellt nur eine Farbe an Glibber her. Für bunte Bilder können die Kinder ihren farbigen Glibber untereinander tauschen. Zwei bis drei verschiedene Farben an Glibber sind ausreichend.

Die Fachkraft legt mit den Kindern fest, welche Kinder ihren Farbglibber miteinander teilen. Die Kinder verteilen die Unterlagen auf dem Tisch. Die Fachkraft verteilt an jedes Kind ein großes Glas für den Glibber, ein Glas für die Farblösung sowie einen Löffel. Die Kinder oder die Fachkraft geben Wasser in die kleinen Gläser. Die Fachkraft färbt das Wasser je nach Wunsch mit Lebensmittelfarbe ein.

Sie verteilt die geöffneten Windeln an die Kinder. Sie holen ggf. mit ihrer Hilfe die Kügelchen heraus. Sie schütteln die Windel über dem Tisch aus, sammeln so viele Kügelchen wie möglich ein und geben sie in das große Glas, sie achten darauf, dass sie keine Watte mit ins Glas geben.

Die Kinder geben erst ganz wenig von der wässrigen Farblösung in das große Glas und rühren um. Sie geben etwas mehr davon zu, rühren um und beobachten, was passiert. Das wiederholen sie, bis die Kügelchen zu einem Glibberberg geworden sind. Der Glibber sollte nicht zu nass sein.

Die Fachkraft verteilt wasserfeste Unterlagen, Papier, Pinsel und Gefäße mit Kleister. Die Kinder legen ein Blatt Papier auf die Unterlage vor sich und kleistern es ein.

Sie verteilen den farbigen Glibber auf dem Kleister. Das können sie gerne mit der Hand tun. Um ein buntes Bild zu erhalten, tauschen sie den bunten Glibber untereinander aus. Die Kinder legen das Bild mit der Unterlage zum Trocknen. Wie sieht es getrocknet aus? Wie fühlt es sich an?

Hinweis

Hat ein Kind versehentlich zu viel Flüssigkeit zugegeben und der Superabsorber wird zu nass, dann noch etwas von den Kügelchen zugeben.

Meistens ist sehr viel Glibber über. Der gequollene Glibber lässt sich in einem geschlossenen Gefäß gut aufbewahren. Im Test war er mehrere Monate in einer Plastikflasche haltbar, ohne dass er zu schimmeln begann.

Was steckt dahinter?

Superabsorberkügelchen nehmen Wasser auf und quellen dabei um ein Vielfaches ihrer Größe auf. Dabei entsteht ein Glibber, der das Wasser auch auf Druck nicht wieder hergibt. Beim Trocknen geben sie das Wasser an die Luft wieder ab und schrumpfen auf ihre Ursprungsgröße zusammen.

Was ist mit den Kügelchen passiert?
Als du dein Bild zum Trocknen gebracht hast, war überall bunter Glibber, und nach dem Trocknen ist so gut wie nichts mehr von ihm übrig? Dabei waren die Kügelchen doch gerade erst durch Zugabe von Wasser so groß geworden.

Aber wie funktionieren solche Kügelchen, die Superabsorber heißen?
Das Superabsorberkügelchen ist ein Riesenteilchen. Es ist wie ein Schwamm mit vielen kleinen Kanälen durchlöchert. In der Fachsprache heißt das porös. Durch die Kanäle kommt das Wasser in den Superabsorber hinein.

Aber wieso möchte das Wasser überhaupt ins Innere des Kügelchens?
Das liegt am Inneren des Kügelchens, dort ist Salz, und Salz zieht Wasser an. Das Wasser lagert sich im Innern des Kügelchens an, das dadurch aufquillt. Das kannst du dir wie bei einem Luftballon vorstellen, den du mit Wasser füllst. Hast du schon versucht, das Wasser aus dem Superabsorber wieder herauszudrücken? Das funktioniert nicht, so fest hat sich das Wasser im Inneren des Superabsorberkügelchens angelagert. Das ist auch gut so, denn ansonsten hätten Babys immer einen nassen Po!

s. „Trick-Knete" S. 71

s. „Bunte (Mond-)Landschaft" S. 84

s. „Die hilfsbereite Kartoffel" S. 28

🎨 Anknüpfende Kreativ-Idee

Nach dem Trocknen bleiben auf dem Papier die bunten Kügelchen zurück. Das Bild kann mit einem Rahmen oder Passepartout versehen werden, dadurch entsteht ein kleines Kunstwerk.
 Aus dem Bild können kleine Figuren mithilfe eines Stanzers ausgestanzt oder ausgeschnitten werden. Diese eignen sich z. B. als Verzierung für einen Bucheinband, eine Tüte oder eine gefaltete Geschenkschachtel.

Tornado im Schneegestöber

Alter: ab 5–6 Jahren

Material: Schalen (2–3 Kinder pro Schale), Glitzerpulver, Glitzersterne; evtl. 1 Schere, Windeln (2–3 Kinder pro Windel), wasserunlöslicher Kleber
pro Kind: 1 Schraubglas mit Deckel, 1 Teelöffel, 1 TL ungequollene Kügelchen oder 1 EL bereits gequollene Superabsorberkügelchen, 1 Glas, 1–2 Gläser Wasser, 1 Pipette, 1–2 TL Salz

Vorbereitung: Befüllen der Gläser mit Wasser, Abfüllen des Salzes in Schalen; evtl. Aufschneiden der Windeln mit einer Schere

Dauer: 10–15 min

Die Fachkraft verteilt Gläser mit Wasser und Schüsseln mit Salz auf dem Tisch.

Die Kinder nehmen das Schraubglas und einen Löffel und geben 1 TL ungequollene Superabsorberkügelchen hinein. Alternativ verteilt die Fachkraft an 2–3 Kinder je eine geöffnete Windel. Die Kinder holen ggf. mit ihrer Hilfe die Kügelchen heraus und geben jeder 1 TL davon in das Schraubglas.

Verwenden sie bereits gequollenen Superabsorber, entfällt der nächste Schritt. Sie geben etwa 2–3 Pipettenfüllungen Wasser zu und beobachten, was mit dem Superabsorber im Schraubglas geschieht. Der Superabsorber soll aufquellen, aber nicht im Wasser schwimmen.

Sie nehmen 1 TL Salz, geben ihn in das Schraubglas, rühren um und beobachten, was mit dem Glasinhalt passiert. Sie geben noch einmal 1 TL Salz hinzu und rühren um.

Sie füllen das Schraubglas mit Wasser, lassen dabei die Breite zweier Kinderdaumen Platz bis zum oberen Rand. Die Fachkraft gibt, wenn gewünscht, Glitzer oder Glitzersterne zu.

Die Kinder nehmen den Teelöffel und rühren kräftig um, sodass sich das Wasser sehr schnell dreht. Dabei tauchen sie den Löffel so tief wie möglich ein. Die Kinder beobachten genau, was passiert.

Sie füllen das Glas ganz voll mit Wasser, schrauben den Deckel zu, drehen das Glas um und lassen es schneien.

💡 Was steckt dahinter?

Salz zieht Wasser auch aus den gequollenen Glibberkugeln.

Was ist passiert, als du Salz zum gequollenen Glibber gegeben hast?
Der Glibber im Glas wurde flüssiger. Das zugegebene Salz sorgt dafür, dass die gequollenen Glibber-Kugeln nicht mehr so viel Wasser aufnehmen können und etwas davon wieder abgeben.

Was ist passiert, als du mit deinem Löffel im Glas umgerührt hast?
Wenn du genau hingesehen hast, konntest du in dem Glas einen Mini-Tornado entdecken. Tornados sind Wirbelstürme, die sich so schnell drehen können wie ungefähr ein ICE mit Höchstgeschwindigkeit fährt. Du hast bei deinem Mini-Tornado gesehen, wie er den Windelschnee oder vielleicht den Glitzer mitgenommen hat. Fegt so ein echter Tornado über das Land, kann er Bäume entwurzeln, Dächer abdecken und noch viel mehr Schaden anrichten.

🎨 Anknüpfende Kreativ-Idee

- **Schneekugel:** Auf das Innere des Schraubdeckels kann eine Figur geklebt werden. Dazu muss ein wasserunlöslicher Kleber verwendet werden. So entsteht eine Schneekugel.
- **Tornado im Glas:** Die Kinder schwenken das mit Deckel verschlossene Schraubglas schnell im Kreis. Durch die Drehbewegung entsteht ein Tornado im Windelschnee-Glitzer-Gestöber.

Schrumpfende Glibber-Knete

Alter: ab 4–5 Jahren

Material: Gläser (2 Kinder pro Glas), Wasser, 1 Teelöffel; evtl. 1 Schere, Windeln (3–4 Kinder pro Windel), Lebensmittelfarbe, Kressesamen
pro Kind: 2 Schüsseln, 1/2 TL ungequollene Superabsorberkügelchen (evtl. 2 TL gequollene Reste aus „Bunter Glibber" S. 94), 1 Pipette, 1 Schüssel, 1 Teelöffel, 1 TL Tapetenkleister, 1 Plätzchenausstecher, Schale oder Unterlage wie Papier, Pappe, Kunststoff, Aluschale (z. B. Katzenfutter-Schale)

Vorbereitung: Befüllen der Gläser mit Wasser; evtl. Aufschneiden der Windeln mit einer Schere

Dauer: 10 min

Die Fachkraft verteilt Schüsseln an die Kinder und Gläser mit Wasser auf dem Tisch. Sie gibt in jede Schüssel etwa einen 1/2 TL ungequollene Superabsorberkügelchen oder verteilt an 3–4 Kinder je eine geöffnete Windel. Die Kinder holen ggf. mit ihrer Hilfe die Kügelchen heraus und geben jeder 1/2 TL davon in die Schüssel.

Die Kinder nehmen eine Pipette und tropfen etwa eine halbe Pipette voll Wasser auf die Superabsorber-Kügelchen und beobachten genau, was passiert. Sie geben mit der Pipette wieder Wasser hinzu, bis ein Glibber-Berg entstanden ist. Die Fachkraft verteilt Schüsseln, Teelöffel und je 1 TL Kleister. Die Kinder geben 2 TL der gequollenen Superabsorber-Kügelchen hinzu und rühren um.

Soll die Glibber-Knete bunt sein, verteilt die Fachkraft Lebensmittelfarbe und die Kinder kneten sie unter.

Sie fühlen vorsichtig wie sich die Masse anfühlt. Ist die Masse noch klebrig, geben sie 1 TL gequollene Superabsorber-Kügelchen hinzu und rühren diese unter.

Die Kinder nehmen die Masse, wenn sie sich nicht mehr klebrig anfühlt, in die Hand und formen sie vorsichtig zu einer Kugel.

Die Fachkraft verteilt Ausstechförmchen und Unterlagen oder Schälchen an die Kinder. Sie legen das Ausstechförmchen auf die Unterlage oder in die Schale und drücken ihren Glibberball hinein. Den überstehenden Glibber entfernen sie, dieser wird nicht mehr benötigt, er kann in den Abfall.

Sie legen ihre Unterlage oder ihre Schale an einen Platz, wo sie mind. 5 Tage in Ruhe stehen kann. Die Kinder sehen jeden Tag nach ihrem Ausstecher und beobachten was mit ihrer Figur passiert ist.

Nach ca. 5 Tagen nehmen sie ihre Glibber-Figur und tropfen mit der Pipette Wasser darüber. Sie beobachten, was passiert. Die gequollene Glibber-Figur lassen sie wieder stehen.

Hinweise

- Es können auch bereits gequollene Reste aus dem Versuch „Bunter Glibber" S. 94 verwendet werden. Dann benötigt man keine Schüssel und kein Wasser und der erste Schritt entfällt.
- Die Figuren nehmen wieder an Größe zu, wenn Wasser darauf gegeben wird. Da der Kleister wasserlöslich ist, löst sich die Figur etwas auf, nimmt aber an Größe zu. Das funktioniert leider nicht so oft.

Was steckt dahinter?

Wasser kann auch aus dem gequollenen Superabsorber verdunsten. Er schrumpft dadurch, wird aber wieder groß, wenn Wasser zugegeben wird.

Was war passiert, als du nach deiner Glibber-Knete-Figur gesehen hast?
Sie ist viel kleiner geworden. Das Wasser kann auch aus dem Superabsorber in die Luft gehen, dadurch werden die Kügelchen wieder ganz klein. Deine Figur ist geschrumpft.

Was ist passiert, als du wieder Wasser auf die Figur getropft hast?
Deine Figur wurde wieder groß. Die Superabsorberkügelchen konnten das Wasser wieder aufnehmen und sind dadurch wieder groß geworden.

Anknüpfende Kreativ-Idee

- **Glibber-Knete-Kresse:** Die Glibber-Knete kann als Substrat und Wasserspeicher für Kresse dienen. Eine fertige Figur aus Glibber-Knete einfach mit Kresse Samen bestreuen und diese feucht halten. Soll die Kresse verzehrt werden, bitte Stärkekleister zur Herstellung der Glibber-Knete verwenden.
- **Getrocknete Glibber-Knete-Figur:** Die Glibber-Knete trocknet und dabei schrumpft die Ausstecher-Figur ein. Einfache Figuren wie Herzen behalten mit etwas Glück ihre Form bei und nach dem Trocknen erhält man feste Miniatur-Ausgaben der Ausgangsfigur. Diese können weiterverwendet werden.

Das selbst scherende Schaf

Alter: ab 3–4 Jahren

Material: 1 Schere, Lebensmittelfarbe, Schalen für Kleister (2 Kinder pro Schale), Stärke- oder Tapetenkleister
pro Kind: 1 Glas, Wasser, 1 Pipette, 1 Schüssel, 1 Windel, 1 Unterlage für das Papier, 1 Kopie des Schafbildes S. 104, 1 Pinsel; evtl. Papier zum Falten (Hund), 1 Glas (Windlicht), 1 Christbaumkugel etc.

Vorbereitung: Aufschneiden der Windeln mit einer Schere; evtl. Befüllen der Gläser mit Wasser, Abfüllen des Kleisters

Dauer: 10 min

Die Fachkraft verteilt Pipetten und Schüsseln und mit Wasser gefüllte Gläser an die Kinder, ggf. befüllen diese ihre Gläser selbst. Die Fachkraft gibt jedem Kind eine geöffnete Windel. Die Kinder holen ggf. mit ihrer Hilfe das Watte-Kügelchen-Gemisch heraus und geben 1–2 EL davon in die Schüssel.

Die Kinder geben eine Pipette voll Wasser zum Watte-Kügelchen-Gemisch. Sie beobachten, was passiert. Sie fügen wieder neues Wasser hinzu, bis alle Kügelchen aufgequollen sind und der Inhalt der Schüssel glibberig ist.

Soll das Fell des Schafes farbig sein, färbt die Fachkraft das Watte-Kügelchen-Gemisch mit der gewünschten Farbe ein.

Die Fachkraft verteilt den Kleister auf dem Tisch und die kopierten Schafsbilder, Pinsel und die Unterlagen an die Kinder.

Die Kinder legen das kopierte Schafsbild auf die Unterlage, streichen den Körper des Schafes mit dem Kleister ein und verteilen den bunten Glibber als Fell darauf.

Sie legen ihr Werk zum Trocknen. Das Trocknen kann etwa 3–4 Tage dauern. Nach dem Trocknen betrachten sie das Schafbild.

Hinweis

Manchmal findet sich sehr wenig Watte-Kügelchen-Gemisch in der Windel, das ist von der Windelmarke und Charge abhängig. Dann kann auch das Wattevlies und der Superabsorber gemischt werden.

Es sollte unbedingt Tapeten- oder Stärkekleister zum Kleben verwenden werden.

💡 Was steckt dahinter?

Superabsorberkügelchen nehmen viel mehr Wasser auf als die Watte.

Was ist passiert, als du Wasser zu dem Kügelchen-Watte-Gemisch gegeben hast?
Das Superabsorber-Watte-Gemisch wurde ganz glibberig und du konntest nicht mehr unterscheiden, was Watte und was Kügelchen ist. Beides hat Wasser aufgesaugt und wurde durchsichtig.

Wie sah das nach dem Trocknen aus?
Die Kügelchen waren wieder ganz klein und die Watte blieb nahezu so groß wie vorher. Daran, wie groß die winzigen Kügelchen werden, wenn sie Wasser aufnehmen, und wie klein sie nach dem Trocknen sind, kannst du erkennen, dass der Superabsorber sehr viel mehr Wasser aufnehmen kann als die Watte.

🎨 Anknüpfende Kreativ-Idee

- **Selbst trimmender Hund:** Die Kinder falten aus Papier einen Hund (s. Faltanleitung S. 102/103). Sie halten das Papier des Körpers und Kopfes etwas auseinander, legen es auf eine Unterlage und kleistern es ein. Dann verteilen sie das Superabsorber-Watte-Gemisch darauf und legen die Unterlage zum Trocknen. Nach dem Trocknen bauen sie den Hund zusammen. Das Trocknen des Hundes ist etwas schwierig, evtl. muss er zum Trocknen gewendet werden.
- **Weihnachtskugel, Windlicht:** Die Kinder kleistern das Glas oder die Weihnachtskugel an den Stellen ein, an denen der Windelschnee kleben soll, tragen ihn auf und lassen es trocknen.
- **Im Winter:** Der Kügelchen-Watte-Mix kann auch als Schnee auf die Fensterscheibe geklebt werden. Dazu kleistern die Kinder das Fenster ein und kleben den Windelschnee darauf. Es empfiehlt sich, Stärkekleister zu verwenden, weil dieser sich leicht wieder vom Fenster entfernen lässt.

Faltanleitung Hund

Alter: ab 5 Jahren
Material: 2 quadratische, gleich große, etwas festere Papierstücke (7–10 cm Kantenlänge)

Hundekörper

Die Kinder falten ein Papier diagonal.

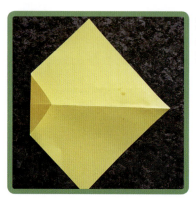

Sie klappen es auf und falten eine Ecke ca. 1 cm auf die Faltlinie. Das ist der Schwanz des Hundes.

Sie wenden das Papier, falten es an der Faltlinie noch einmal diagonal. Der Hundekörper ist fertig.

Hundekopf

Die Kinder falten das Papier diagonal. Sie drehen das entstandene Dreieck so, dass die Spitze mit der Öffnung zu ihnen zeigt.

Sie falten eine der seitlichen, äußeren Spitzen zu sich hin. Das ist das Ohr. Das Gleiche machen sie mit der anderen Spitze. Die umgeknickten Spitzen sollten gleich lang sein. Ansonsten hat der Hund unterschiedlich lange Ohren.

Sie nehmen das obere Papier, falten die Spitze in Richtung Kante um. Das entstehende Dreieck soll etwa ein Kinderdaumen breit sein. Es ist die Schnauze des Hundes. Für die Nase klappen die Kinder die Hälfte der Spitze der Schnauze wieder zu sich hin.

Die Kinder öffnen den Hundekopf und falten die Spitze des verbliebenen Dreiecks in Richtung Kante. Der Hundekopf ist fertig.
Sie stecken den Hundekopf auf den Hundekörper.

Kopiervorlage Schaf Mäh

Anhang

Das wird alles gebraucht

Verbrauchsmaterial

Das benötigen wir häufig

- Druckerpapier und saugfähiges Papier, z. B Zeichenblockpapier
- Duschgel oder Shampoo
- Flüssigseife
- Glitzerpulver, Glitzersterne, -herzen ...
- Lebensmittelfarben, am besten auf Gelbasis (Versandhandel)
- leere Einweg-Plastikflaschen (0,2 – 0,3 l)
- leere Katzenfutterschalen o. Ä.
- leere Schraubgläser
- Loom-Gummis oder Haushaltsgummis
- Natriumalginat-Pulver und Calciumlactat (Versandhandel, keine Angst, ist nicht exotisch!)
- Öl
- Salz, grob und fein
- Speisestärke
- Rasierschaum
- Tapetenkleister
- Tonkarton in verschiedenen Farben
- Deckfarbe
- Vogelsand
- wasserlösliche Flüssigfarbe
- Windeln

Das benötigen wir weniger häufig

- Aquarellpapier
- Bastelkleber
- batteriebetriebenes Teelicht
- Blüten, Duftpotpourri
- bunte Schokolinsen oder Bonbons
- Chenille-Draht oder Pfeifenreiniger
- Crushed Ice
- Einweg-Gummihandschuh
- Filtertüten weiß
- Filzstifte
- Filzwolle
- Kartoffeln
- Kakaopulver, Kräuter, Paprikapulver, Kurkumapulver, Curry …
- Luftballon
- Milch
- Schwamm
- Sahne
- Seife
- Toilettenpapier
- Trinkhalme
- Wassereis zum Einfrieren (10er-Pack)

Ausrüstung, die sich nicht verbraucht

- Einwegpipetten (Versandhandel, wiederverwendbar, können in die Spülmaschine)
- Gläser (groß/mittel/klein)
- Kindermesser (stumpf)
- kleine Behältnisse wie z. B. Teelichthalter
- Müslischalen aus Plastik
- Pinsel
- Sandsiebe mit höherem, geschlossenem Rand oder Schöpfrahmen
- Tee- und Esslöffel
- Teller
- Topf
- Trichter
- Untertasse

Internetquellen und weiterführende Literatur

Internetquellen

Wunderblume: http://www.labbe.de/zzzebra/index.asp?themaid=616&titelid=3854

Seife einfilzen: http://www.stricklinge.de/seife-einfilzen/

Faltanleitung Hund: http://www.besserbasteln.de/Origami/Tiere falten/hund.html

Faltanleitung Tüte: http://toertchenherzog.com/papiertueten/

Weiterführende Literatur

Lück, Gisela: *Naturphänomene erleben,* Experimente für Kinder und Erwachsene. Herder Freiburg 2015.

Lück, Gisela: *Neue leichte Experimente für Eltern und Kinder.* Herder Freiburg 2015.

Saan, Anita van: *365 Experimente für jeden Tag.* moses Kempen 2002.

Bildnachweise Seite 4/11: Shutterstock; Seite 6: Adobe Stock Photo

Die AutorInnen

Simone Adolph (Jg. 1967) studierte an der Uni Ulm Chemie. Nach der Promotion an der TU Chemnitz widmete sie sich ihrer Großfamilie. Während dieser Zeit durfte sie durch Begleitung von Aufgaben wie Chorleitung (1./2. Klasse), Schwimmunterricht (2. Klasse) und U3-Betreuung erfahren, wie erfüllend es ist, Kinder in ihrer Persönlichkeitsentwicklung zu begleiten und mit ihnen gemeinsam ihre Stärken zu entdecken. Seit 2015 befindet sie sich gemeinsam mit ihrer Kollegin Martina Ruffmann und Kindern aus Ganztagsbetreuungen mehrerer Grundschulen auf dem bunten Weg ins Abenteuer Naturwissenschaft, der ihr unglaublich viel Freude bereitet. Diese Erfahrung möchte sie gerne teilen und hofft so, bei möglichst vielen kleinen Forscher-Künstlern Interesse an der Umwelt zu wecken und gemeinsam mit ihnen Antworten auf die vielen Fragen nach dem Warum zu finden. Mit ihrer Familie lebt Simone Adolph in Brunsbüttel.

Uwe Eschner (Jg. 1963) ist Diplom-Musikpädagoge mit ausgeprägt naturwissenschaftlichem familiärem Hintergrund. Als Lehrer und Fachbereichsleiter an der größten Musikschule Schleswig-Holsteins sowie als Chor- und Ensembleleiter weiß er um die persönlichkeitsbildende Auswirkung der Beschäftigung mit Künsten. Am BerufsBildungsZentrum Dithmarschen unterweist er seit 1999 werdende Erzieher*Innen und Sozialpädagogische Assistent*Innen vorrangig in allen möglichen musikverwandten Aktivitäten. Dieses Buch bringt also unterschiedliche Vorlieben und Prägungen unter einen Hut, und er hofft, dass sein Versuch geglückt ist, Sprache und Ansprache der Zielgruppe angemessen zu formulieren. Uwe Eschner lebt mit seiner Frau und einer zeitweise anwesenden erwachsenen Tochter in Nindorf bei Meldorf. **uwe-eschner.de**

Martina Ruffmann (Jg. 1973) ist ausgebildete chemisch-technische Assistentin, Versicherungskauffrau und Fachwirtin für Finanzberatung mit langjähriger Berufserfahrung u. a. als Honorarberaterin für Finanzdienstleistungen bei der Verbraucherzentrale Schleswig-Holstein und Referentin zum Thema Finanzen und Versicherungen. Sie verfügt über eine Weiterbildung zur pädagogisch-psychologischen Beraterin und absolvierte eine Train-the-Trainer-Fortbildung. Zusammen mit Dr. Simone Adolph bietet sie außerdem seit mehreren Jahren an Grundschulen naturwissenschaftliche Kurse an. Sie ist verheiratet, hat zwei Töchter und wohnt in einer kleinen Gemeinde bei Brunsbüttel.